MOTIVAÇÃO 3.0
DRIVE

Daniel H. Pink

MOTIVAÇÃO 3.0
DRIVE

Título original: *Drive*

Copyright © 2009 por Daniel H. Pink
Copyright da tradução © 2019 por GMT Editores Ltda.

Todos os direitos reservados. Nenhuma parte deste livro pode ser utilizada ou reproduzida sob quaisquer meios existentes sem autorização por escrito dos editores.

tradução: Ivo Korytowski
preparo de originais: Sheila Louzada
revisão: Hermínia Totti e Luis Américo Costa
adaptação de projeto gráfico e diagramação: DTPhoenix Editorial
capa: DuatDesign
imagem de capa: PM Images/ The Image Bank/ Getty Images
impressão e acabamento: Bartira Gráfica e Editora Ltda.

CIP-BRASIL. CATALOGAÇÃO NA PUBLICAÇÃO
SINDICATO NACIONAL DOS EDITORES DE LIVROS, RJ

P725m   Pink, Daniel
           Motivação 3.0 / Daniel Pink; tradução de Ivo Korytowski. Rio de Janeiro: Sextante, 2019.
           240 p.: il.; 16 x 23 cm.

           Tradução de: Drive
           ISBN 978-85-431-0747-9

           1. Motivação (Psicologia). 2. Sucesso. I. Korytowski, Ivo. II. Título.

19-56072   CDD: 153.8
                                                                 CDU: 159.947

Todos os direitos reservados, no Brasil, por
GMT Editores Ltda.
Rua Voluntários da Pátria, 45 – Gr. 1.404 – Botafogo
22270-000 – Rio de Janeiro – RJ
Tel.: (21) 2538-4100 – Fax: (21) 2286-9244
E-mail: atendimento@sextante.com.br
www.sextante.com.br

Sumário

Introdução 7

PARTE UM
Um novo sistema operacional

CAPÍTULO 1: Ascensão e queda da Motivação 2.0 21

CAPÍTULO 2: Sete razões pelas quais recompensas e punições (geralmente) não funcionam... 41

CAPÍTULO 2A: ... e as circunstâncias especiais em que funcionam 68

CAPÍTULO 3: Tipo I e Tipo X 78

PARTE DOIS
Os três elementos

CAPÍTULO 4: Autonomia 93

CAPÍTULO 5: Excelência 119

CAPÍTULO 6: Propósito 142

PARTE TRÊS
O Kit de Ferramentas do Tipo I

Tipo I para indivíduos: Nove estratégias para despertar sua motivação	163
Tipo I para organizações: Nove maneiras de melhorar sua empresa, seu escritório ou grupo	172
O Zen da remuneração: A folha de pagamento Tipo I	180
Tipo I para pais e educadores: Nove ideias para ajudar nossas crianças	184
Dicas de leitura para o Tipo I: Quinze livros essenciais	195
Ouça os gurus: Seis pensadores de negócios que entenderam a ideia	205
Boa forma Tipo I: Quatro dicas para se motivar a começar (e manter) um plano de atividades físicas	211
Motivação 3.0: Recapitulação	213
Motivação 3.0: Glossário	219
Guia de discussão sobre *Motivação 3.0*: Vinte formas de iniciar uma conversa para fazer você refletir e debater	223
Descubra mais sobre si e sobre o tema	227
Agradecimentos	229
Referências bibliográficas	231

INTRODUÇÃO

Os intrigantes quebra-cabeças de Harry Harlow e Edward Deci

Em meados do século XX, dois jovens cientistas realizaram experimentos que deveriam ter mudado o mundo – mas não mudaram.

Harry F. Harlow foi um professor de psicologia da Universidade de Wisconsin que, na década de 1940, criou um dos primeiros laboratórios do mundo para estudar o comportamento dos primatas. Certo dia de 1949, Harlow e outros dois pesquisadores reuniram oito macacos rhesus para um experimento de duas semanas sobre aprendizado. Eles elaboraram um quebra-cabeça mecânico simples, como o mostrado na ilustração da página seguinte. A solução se dava em três passos: puxar o pino vertical, soltar o gancho e levantar a tampa articulada. Bem fácil para mim e para você, porém bem mais desafiador para um macaco de laboratório.

Os pesquisadores colocaram os quebra-cabeças nas jaulas dos macacos para observar como eles reagiam – e prepará-los para os testes que fariam ao final das duas semanas para avaliar suas competências na resolução de problemas. Porém algo estranho ocorreu quase imediatamente: sem qualquer estímulo do ambiente externo

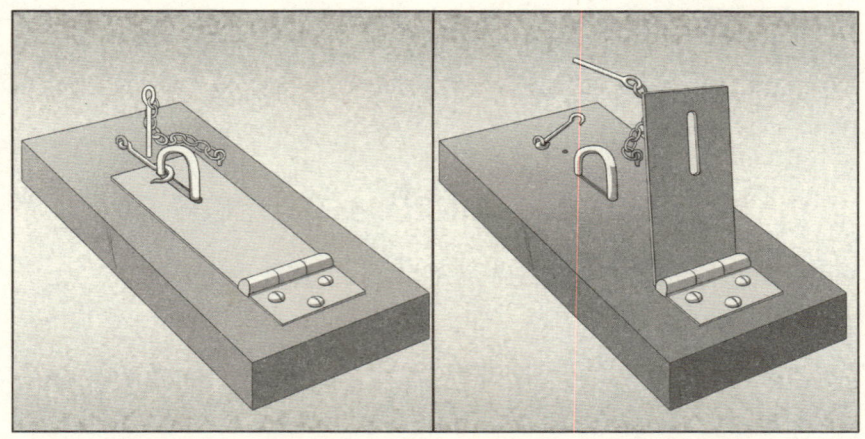

O quebra-cabeça de Harlow na posição inicial (à esquerda) e depois de solucionado (à direita).

nem dos pesquisadores, os macacos começaram a brincar com os quebra-cabeças com foco, determinação e, ao que parecia, prazer. E não demoraram a descobrir como a engenhoca funcionava. No 13º e no 14º dias do experimento, quando Harlow realizou os testes de avaliação, os primatas haviam se tornado exímios nos quebra-cabeças, solucionando-os com rapidez; e, em dois terços das vezes, em menos de 60 segundos.

Estranho. Ninguém havia ensinado aos macacos como remover o pino, puxar o gancho e abrir a tampa. Ninguém os recompensara com comida, afeto ou mesmo um sinal de aprovação quando conseguiam. E aquilo ia contra o que se sabia sobre o comportamento dos primatas – inclusive os primatas menos peludos e de cérebro maior conhecidos como seres humanos.

À época, os cientistas sabiam que dois impulsos principais acionavam o comportamento. O primeiro era o biológico. O ser humano e outros animais comiam para saciar a fome, bebiam para saciar a sede e copulavam para satisfazer seus impulsos carnais. Não era o que estava acontecendo ali. "A solução [dos quebra-cabeças] não levava a comida, água nem gratificação sexual", relatou Harlow.[1]

O único outro impulso conhecido tampouco explicava o comportamento peculiar dos macacos. Se as motivações biológicas vinham de dentro, esse segundo impulso vinha de fora: as recompensas e punições fornecidas pelo ambiente em decorrência de certos tipos de comportamento. Isso sem dúvida era verdade para os seres humanos, que reagiam perfeitamente a tais forças externas. Se nos prometessem aumentar nosso salário, trabalharíamos mais. Se nos oferecessem a perspectiva de tirar nota 10 na prova, estudaríamos com mais afinco. Se ameaçassem descontar do nosso salário os atrasos ou o preenchimento incorreto de um formulário, chegaríamos na hora e marcaríamos corretamente cada quadrado. Mas isso tampouco explicava as ações dos macacos. Quase vemos Harlow coçando a cabeça no seguinte trecho de seu relatório: "O comportamento obtido nessa investigação levanta algumas questões interessantes para a teoria da motivação, pois alcançamos um aprendizado significativo e mantivemos um desempenho eficiente sem recorrermos a incentivos especiais ou extrínsecos."

Que outra explicação haveria?

Para responder a essa pergunta, Harlow ofereceu uma teoria nova – o que equivalia a um terceiro impulso: "Realizar a tarefa consistia em uma recompensa intrínseca." Os macacos solucionavam os quebra-cabeças simplesmente porque achavam gratificante. Era divertido. O prazer da tarefa era a recompensa.

Se essa ideia era radical, o que aconteceu em seguida apenas aprofundou as dúvidas e a controvérsia. Esse impulso recém-descoberto – que Harlow veio a chamar de "motivação intrínseca" – podia até ser real, mas com certeza estava subordinado aos outros dois. Se os macacos fossem recompensados (com passas!), seu desempenho seria, sem dúvida, ainda melhor. No entanto, quando Harlow testou essa hipótese, os macacos na verdade cometeram mais erros e solucionaram os quebra-cabeças com menos frequência. "A introdução de comida no atual experimento teve efeito negativo no desempenho, um fenômeno não relatado na literatura", escreveu Harlow.

Agora as coisas estavam muito estranhas. Em termos científicos, era como se tivessem lançado uma bola de aço em um plano inclinado para medir sua velocidade e vê-la flutuar. Aquele resultado sugeria que nossa compreensão das forças de atração gravitacional atuantes sobre nosso comportamento era imprecisa, que as supostas leis fixas continham muitas falhas. Harlow enfatizou a "força e persistência" do impulso dos macacos para solucionar os quebra-cabeças. Depois, observou:

> Tudo indica que esse impulso [...] pode ser tão fundamental e forte quanto os [outros] impulsos. Além disso, há razão para acreditarmos que possa ser igualmente eficiente em promover o aprendizado.[2]

Naquela época, porém, o pensamento científico só tinha olhos para os dois impulsos conhecidos. Assim, Harlow fez soar o alarme. Pediu aos cientistas que abandonassem grandes volumes da sua "sucata teórica" e oferecessem explicações novas e mais precisas do comportamento humano;[3] advertiu que a explicação do porquê de nossas ações estava incompleta; e afirmou que, para entendermos de fato a condição humana, teríamos que levar em conta aquele terceiro impulso.

Depois ele praticamente deixou essa ideia de lado.

Em vez de combater o *establishment* e investir em uma visão mais completa da motivação, Harlow abandonou essa linha de pesquisa controversa. Mais tarde, ele ganhou fama por seus estudos sobre a ciência da afeição.[4] Sua ideia sobre o terceiro impulso continuou rondando a literatura psicológica, mas permaneceu na periferia – das ciências do comportamento e de nossa compreensão de nós mesmos. Decorreriam duas décadas até que outro cientista retomasse a linha de investigação que Harlow deixara tão provocadoramente na mesa daquele laboratório em Wisconsin.

Em meados de 1969, Edward Deci era um estudante de pós-graduação na Universidade Carnegie Mellon em busca de um tema para sua dissertação. Deci, que já obtivera um MBA pela Wharton School, tinha grande interesse pelo assunto da motivação, mas suspeitava que acadêmicos e empresários não a compreendessem bem. Assim, seguindo o caminho aberto por Harlow, pôs-se a estudar o tema com a ajuda de um quebra-cabeça.

Deci escolheu o cubo Soma, um brinquedo então popular vendido pela Parker Brothers e que, graças ao YouTube, hoje é uma espécie de objeto de culto entre seus fãs. O quebra-cabeça, mostrado a seguir, consiste em sete peças: seis delas compostas de quatro cubos de 2,5 centímetros e uma de três cubos, também de 2,5 centímetros. Com essas sete peças, é possível montar milhões de combinações, desde formas abstratas a objetos reconhecíveis.

As sete peças do cubo Soma desmontadas (à esquerda) e, depois, formando uma entre os vários milhões de combinações.

Para o estudo, Deci dividiu os participantes – homens e mulheres universitários – em dois grupos: um experimental (que chamarei de Grupo A) e um de controle (que chamarei de Grupo B). Cada grupo participou de três sessões de uma hora cada, realizadas em dias consecutivos.

As sessões funcionavam da seguinte maneira: cada participante entrava numa sala e se sentava a uma mesa onde estavam as sete peças do quebra-cabeça Soma, desenhos de três montagens possíveis e exemplares das revistas *Time*, *The New Yorker* e *Playboy* (Ei, era 1969!). Deci ficava na outra ponta da mesa, para explicar as instruções, avaliar o desempenho e cronometrar o tempo.

Na primeira sessão, membros dos dois grupos tiveram que montar as peças para reproduzir as configurações diante deles. A segunda sessão foi a mesma coisa, apenas com desenhos diferentes – só que dessa vez Deci informou aos participantes do Grupo A que eles receberiam 1 dólar (o equivalente a 6 dólares hoje) para cada configuração reproduzida, enquanto o Grupo B recebeu os desenhos novos sem a oferta de pagamento. Finalmente, na terceira sessão ambos os grupos receberam desenhos novos e tiveram que reproduzi-los sem qualquer remuneração, como na primeira sessão (ver tabela a seguir).

COMO OS GRUPOS FORAM TRATADOS

	Dia 1	Dia 2	Dia 3
Grupo A	*Sem recompensa*	*Com recompensa*	*Sem recompensa*
Grupo B	*Sem recompensa*	*Sem recompensa*	*Sem recompensa*

A reviravolta acontecia na metade de cada sessão. Depois que um participante tivesse reproduzido dois dos três desenhos, Deci interrompia os procedimentos. Dizia que lhes daria um quarto desenho, mas, antes, precisava inserir em um computador a informação dos tempos de conclusão deles. E, para isso, teria que deixar a sala por um momento (em 1969, os computadores ainda ocupavam uma sala inteira; os desktops ainda estavam a uma década de distância).

Ao sair, ele dizia: "Volto em alguns minutos, podem fazer o que quiserem durante minha ausência." Mas Deci não ia inserir números num teletipo antigo: ele se dirigia a uma sala adjacente com uma janela unidirecional que lhe permitia acompanhar o que acontecia na sala do experimento. Ali, Deci observava por exatos oito minutos o que as pessoas faziam quando deixadas sozinhas. Será que elas continuavam mexendo no quebra-cabeça, talvez tentando reproduzir o terceiro desenho? Ou será que faziam algo diferente, como folhear as revistas, admirar a modelo no pôster da *Playboy*, contemplar o nada, tirar um rápido cochilo?

Na primeira sessão, previsivelmente, não houve grandes diferenças entre o que os participantes dos Grupos A e B fizeram durante o período de oito minutos. Todos continuaram mexendo no quebra-cabeça durante, em média, três e meio a quatro minutos, sinal de que o acharam ao menos um pouco interessante.

No segundo dia, quando os participantes do Grupo A foram pagos por cada montagem correta, o Grupo B (não pago) se comportou mais ou menos da mesma forma que no período livre do dia anterior. Mas o grupo pago subitamente se tornou muito interessado no quebra-cabeça: em média, os participantes do Grupo A passaram mais de cinco minutos entretidos com o cubo, talvez para adiantar a tarefa do terceiro desafio ou para praticar e assim ter mais chances de ganhar um trocado quando Deci retornasse. Isso faz sentido intuitivamente, certo? É compatível com o que acreditamos sobre motivação: "Me dê uma recompensa que eu me esforçarei mais."

No entanto, o que ocorreu no terceiro dia confirmou as suspeitas de Deci sobre o funcionamento peculiar da motivação – e delicadamente pôs em dúvida uma premissa norteadora da vida moderna. Dessa vez, Deci informou aos participantes do Grupo A que seu orçamento cobria apenas um dia e que, portanto, aquela terceira sessão ficaria sem pagamento. O restante da sessão se desenrolou exatamente como antes: duas montagens, seguidas pela interrupção de Deci.

Durante o período de oito minutos sozinhos daquele terceiro dia, os voluntários do Grupo B, que não receberam pagamento em nenhuma sessão, brincaram com o quebra-cabeça por um tempo ainda maior que nos dias anteriores; talvez estivessem se envolvendo mais, ou talvez fosse mera singularidade estatística. Mas os participantes do Grupo A, que haviam sido pagos, reagiram de modo diferente: passaram bem menos tempo brincando com o quebra-cabeça. E não apenas uns dois minutos a menos do que na sessão paga, mas cerca de um minuto inteiro a menos que na primeira sessão, quando entraram em contato pela primeira vez com o quebra-cabeça e nitidamente o apreciaram.

Em um eco do que Harlow descobrira duas décadas antes, Deci revelou que a motivação humana parecia operar segundo leis que contrariavam as crenças da maioria dos cientistas e cidadãos. Do escritório ao campo de jogo, todos sabiam o que movia as pessoas: recompensas – em especial, o frio dinheiro – intensificavam o interesse e melhoravam o desempenho. O que Deci descobriu, e logo depois confirmou em dois novos estudos, foi quase o contrário. "Quando o dinheiro é usado como recompensa externa para certa atividade, os voluntários perdem o interesse intrínseco pela atividade", escreveu ele.[5] Recompensas podem funcionar como incentivo de curto prazo, tal como uma dose de cafeína pode nos manter ativos por mais algumas horas, mas o efeito é efêmero – e, pior, pode reduzir nossa motivação de prazo mais longo, isto é, pela continuidade do projeto.

O ser humano, de acordo com Deci, tem uma "tendência intrínseca a buscar novidades e desafios, a ampliar e exercitar suas capacidades, a explorar e a aprender". Esse terceiro impulso, no entanto, era mais frágil do que os outros dois; precisava do ambiente certo para sobreviver. "Quem estiver interessado em desenvolver e aumentar a motivação intrínseca em crianças, funcionários, estudantes, etc. não deve se concentrar em sistemas de controle externo, como recompensas monetárias", escreveu Deci em um artigo complementar.[6] Assim começou o que se tornou para ele uma busca vitalícia para repensar por que fazemos o que fazemos – uma busca que algumas vezes o pôs em conflito com outros psicólogos, levou à sua demissão de uma escola de negócios e desafiou os pressupostos operacionais de organizações por toda parte.

"Aquilo foi controvertido", Deci comentou comigo certa manhã de primavera, quarenta anos após os experimentos com o Soma. "Ninguém estava esperando que recompensas tivessem um efeito negativo."

ESTE É UM LIVRO SOBRE MOTIVAÇÃO. Mostrarei que grande parte de nossas crenças sobre o assunto está equivocada – e que as revelações que Harlow e Deci começaram a desvendar algumas décadas atrás chegam bem mais perto da verdade. O problema é que a maioria das empresas não se atualizou nessa nova compreensão do que nos motiva. Um sem-número de organizações – não apenas privadas, mas também governos e ONGs – ainda funciona sob pressupostos acerca do potencial humano e do desempenho individual desatualizados, irrefletidos e mais arraigados no folclore do que na ciência. Continuam seguindo práticas como planos de incentivos de curto prazo e sistemas de pagamento pelo desempenho mesmo em face de indícios crescentes de que tais medidas costumam não funcionar e muitas vezes têm até efeito inverso. Pior, essas práticas se infiltraram nas universidades americanas, onde a futura força de trabalho é provida com iPods, dinheiro e cupons para pizza a fim de "incentivar" os estudantes a aprender. Algo saiu errado.

A boa notícia é que a solução está bem à nossa frente: no esforço de um grupo de estudiosos das ciências do comportamento que levaram adiante as pesquisas pioneiras de Harlow e Deci e cujo trabalho discreto no último meio século nos permite uma visão mais dinâmica da motivação humana. Há muito tempo existe um desencontro entre o que a ciência sabe e o que as empresas fazem. O objetivo deste livro é suprir essa lacuna.

Motivação 3.0 é dividido em três partes. A Parte Um avalia as falhas em nosso sistema de recompensa e punição e propõe uma nova forma de pensar sobre motivação. O Capítulo 1 examina como a visão predominante da motivação está se tornando incompatível com muitos aspectos da vida e dos negócios contemporâneos. O Capítulo 2 revela as sete razões pelas quais motivadores extrínsecos baseados em recompensas e punições costumam produzir o oposto do que pretendem alcançar. (Depois disso vem um breve adendo, o Capítulo 2A, que mostra as circunstâncias especiais em que recompensas e punições podem de fato ser eficazes.) O Capítulo 3 apresenta o que chamo de comportamento "Tipo I", uma forma de pensar e de conduzir os negócios baseada na verdadeira ciência da motivação humana e acionada por nosso terceiro impulso: a necessidade inata de conduzir a própria vida, de aprender e criar e de fazer o melhor por nós e nosso mundo.

A Parte Dois examina os três elementos do comportamento de Tipo I e mostra como indivíduos e organizações os estão usando para melhorar seu desempenho e aumentar sua satisfação. O Capítulo 4 explora a autonomia, nosso desejo de seguir o próprio caminho.

O Capítulo 5 examina a excelência, nosso desejo de melhorar cada vez mais no que fazemos. O Capítulo 6 explora o propósito, nosso anseio por fazer parte de algo maior do que nós.

A Parte Três, O Kit de Ferramentas do Tipo I, é um amplo conjunto de recursos para ajudá-lo a criar ambientes onde o comportamento de Tipo I possa florescer. Nela você achará de tudo, desde dezenas de exercícios para despertar a motivação em você e nos outros até questões para discussão em clubes de leitura, passando por um breve resumo de *Motivação 3.0* que o ajudará a ter bons argumentos num evento social. E, embora este livro foque sobretudo o setor de negócios, você encontrará também algumas reflexões sobre como aplicar esses conceitos na educação e em outras áreas da vida.

Mas, antes de tudo, vamos começar por um experimento imaginário que exige um recuo no tempo – voltemos a uma época em que John Major era o primeiro-ministro britânico, Barack Obama era um jovem professor de direito magrela, a internet era discada e *blackberry* não passava de uma fruta.

PARTE UM

Um novo sistema operacional

CAPÍTULO 1

Ascensão e queda da Motivação 2.0

Imagine que é 1995. Você está sentado com uma economista, uma consagrada professora de negócios com ph.D. em economia, e diz a ela:

– Tenho aqui comigo uma bola de cristal capaz de ver quinze anos no futuro. Quero testar seus poderes de previsão.

Embora cética, ela decide entrar no jogo. Você explica:

– Vou descrever duas novas enciclopédias: uma recém-lançada, a outra a ser lançada daqui a alguns anos. Você precisa prever qual terá mais sucesso em 2010.

– Certo, vamos lá.

– A primeira enciclopédia é produzida pela Microsoft, uma empresa que já é grande e lucrativa, como você sabe, e que, com o recém-lançado Windows 95, vai se tornar um colosso que marcará época. A Microsoft vai financiar essa enciclopédia. Vai pagar redatores e editores profissionais para criarem artigos sobre milhares de temas, e gestores bem remunerados supervisionarão o projeto para garantir que fique pronto no prazo e dentro do orçamento. O conteúdo será então vendido em CD-ROMs e, em um momento posterior, on-line. A segunda enciclopédia não virá de uma empresa. Será criada por dezenas de milhares de pessoas, que escreverão e editarão os artigos por diversão. Esses diletantes não precisarão de nenhuma qualificação especial para participar e não receberão nenhum centavo por isso. Os participantes contribuirão com seu trabalho, às vezes 20 e 30 horas semanais, gratuitamente. A própria enciclopédia, que existirá apenas on-line, também será grátis: nada será cobrado de quem quiser consultá-la. Agora, pense em daqui a quinze anos – você diz à economista. – De acordo com minha bola de cristal, em 2010 uma dessas duas enciclopédias será a maior e mais popular do mundo e a outra estará extinta. Qual é qual?

Em 1995, duvido que um único economista sério de qualquer lugar do mundo não tivesse apostado no sucesso do primeiro modelo. Qualquer outra conclusão teria sido risível – contrária a todos os princípios empresariais que sua interlocutora lecionasse aos seus alunos. Seria como perguntar a um zoólogo quem venceria uma corrida de 200 metros, um guepardo ou o seu cunhado. A resposta parecia óbvia.

Um bando desorganizado de voluntários até poderia produzir algo, é claro, mas jamais um produto capaz de competir com o de uma empresa poderosa voltada para o lucro. Os incentivos estavam todos errados. A Microsoft só ganharia com o sucesso de seu produto, enquanto todos os envolvidos no outro projeto saberiam desde o princípio que o sucesso não lhes renderia nada. Mais importante, os autores, editores e diretores da Microsoft seriam pagos, ao contrário dos colaboradores do outro projeto – que, verdade, provavelmente estariam perdendo dinheiro ao realizarem um trabalho gratuito quando poderiam investir seu tempo em uma atividade remunerada. A pergunta era tão óbvia que nossa economista nem sequer cogitaria incluí-la em uma prova de sua turma do MBA. Fácil demais.

Mas você sabe como os fatos se desenrolaram.

Em 31 de outubro de 2009, a Microsoft suspendeu a MSN Encarta, sua enciclopédia em CD e on-line, após 16 anos no mercado. Enquanto isso, a Wikipédia (o segundo modelo) acabou se tornando a maior e mais popular enciclopédia do mundo, contando, apenas oito anos após sua criação, com mais de 13 milhões de artigos em cerca de 260 idiomas, sendo 3 milhões só em inglês.[1]

Como isso aconteceu? A visão convencional da motivação humana dificilmente explicaria esse resultado.

O TRIUNFO DO "CENOURA OU CHICOTE"

Todos os computadores – sejam os mainframes gigantes dos experimentos de Deci, o iMac onde estou escrevendo isto ou o telefone celular vibrando no seu bolso – possuem sistemas operacionais. Sob a superfície do hardware que você toca e dos programas que você utiliza está uma camada complexa de software que contém as instruções, os protocolos e as suposições que permitem o bom funcionamento de tudo. Em geral, não pensamos muito nos sistemas operacionais. Só notamos a existência deles quando começam a falhar – quando o hardware e o software que eles deveriam gerenciar ficam grandes e complicados demais para o sistema operacional em utilização. Aí nosso computador começa a pifar. Nós reclamamos. E desenvolvedores inteligentes, que sempre mexeram com partes do programa, sentam-se para elaborar um sistema fundamentalmente melhor – uma atualização.

Sociedades também têm sistemas operacionais. As leis, os costumes sociais e os acordos econômicos que permeiam nosso dia a dia revestem uma camada de instruções, protocolos e suposições sobre como o mundo funciona. E grande parte do nosso sistema operacional social consiste em um conjunto de suposições sobre o comportamento humano.

Nos primórdios da civilização – bem nos primórdios, digamos, 50 mil anos atrás –, o pressuposto subjacente sobre o comportamento humano era simples e verdadeiro: estávamos tentando sobreviver. Esse impulso guiava a maior parte do nosso comportamento, desde coletar comida na savana até correr para os arbustos quando um tigre-dentes-de-sabre se aproximava. Chamemos esse sistema operacional inicial de Motivação 1.0. Não era lá muito elegante, nem diferia muito do sistema dos macacos rhesus, dos primatas gigantes e muitos outros animais, mas nos serviu perfeitamente. Funcionou bem. Até não funcionar mais.

À medida que os seres humanos formavam sociedades mais complexas, em que topavam com estranhos e precisavam cooperar uns com os outros para resolver as coisas, um sistema operacional baseado puramente no impulso biológico se tornou inadequado. Mais do que isso: às vezes era preciso haver meios de restringir esse impulso – para impedir que eu furtasse seu jantar ou que você roubasse minha esposa. Assim, em um feito de notável engenharia cultural, aos poucos substituímos nosso sistema por uma versão mais compatível com a maneira como havíamos começado a trabalhar e viver.

No cerne desse sistema operacional novo e melhorado estava um pressuposto revisado e mais exato: os seres humanos são mais do que a soma de nossos desejos e necessidades biológicas. Aquele primeiro impulso ainda importava, sem dúvida, mas já não explicava plenamente quem somos. Possuíamos também um segundo impulso: de buscar recompensa e evitar punição mais amplamente. E foi dessa constatação que surgiu um sistema operacional novo – vamos chamá-lo de Motivação 2.0. (Claro que outros animais também reagem a recompensas e punições, mas somente os humanos se mostraram capazes de canalizar esse impulso para desenvolver todo tipo de coisa, do direito contratual às lojas de conveniência.)

Aproveitar esse segundo impulso tem sido essencial para o progresso econômico por todo o mundo, especialmente durante os dois últimos séculos. Vejamos a Revolução Industrial. Progressos tecnológicos (motores a vapor, ferrovias, difusão da energia elétrica) desempenharam um papel crucial em promover o crescimento da indústria, mas inovações menos tangíveis também foram muito importantes – em particular, a obra de um engenheiro americano chamado Frederick Winslow Taylor. Por acreditar que as empresas vinham sendo geridas de forma ineficiente e irregular, Taylor inventou, no início do século XIX, o que chamou de "administração científica". Sua invenção foi uma forma de "software" habilmente composta para rodar na plataforma Motivação 2.0. E foi ampla e rapidamente adotada.

Segundo essa abordagem, os trabalhadores eram como peças de uma máquina complexa. Se fizessem o trabalho certo do jeito certo no momento certo, a máquina funcionaria com perfeição. E, para que isso ocorresse, bastava recompensar o comportamento desejado e punir o indesejado. As pessoas reagiriam racionalmente a essas forças externas – motivadores extrínsecos – e tanto elas como o próprio sistema prosperariam. Costumamos apontar o carvão e o petróleo como os combustíveis do desenvolvimento econômico, mas, em certo sentido, o motor do comércio tem sido igualmente abastecido pelo chamado "cenoura ou chicote", as recompensas e punições.

O sistema operacional Motivação 2.0 vem durando há muito tempo. Ele está tão entranhado em nossa vida que a maioria das pessoas mal reconhece sua existência. Até onde vai nossa lembrança, configuramos nossa organização e construímos nossa vida em torno de seu pressuposto fundamental: a forma de melhorar o desempenho, aumentar a produtividade e encorajar a excelência é recompensar os bons e punir os maus.

Apesar de mais sofisticado e com aspirações mais elevadas, o sistema Motivação 2.0 ainda não era exatamente enobrecedor, pois, no fim das contas, sugeria que os humanos não diferiam muito dos cavalos – ou seja, para fazer com que continuemos avançando na direção certa, é preciso oferecer uma cenoura mais crocante ou brandir um chicote mais doloroso. Entretanto, o que lhe faltava em esclarecimento, esse sistema compensava com eficácia. Funcionava bem – extremamente bem. Até não funcionar mais.

Com o avançar do século XX, em que as economias se tornaram ainda mais complexas e as pessoas tiveram que empregar habilidades novas e mais sofisticadas, a abordagem da Motivação 2.0 começou a encontrar certa resistência. Na década de 1950, Abraham Maslow, ex-aluno de Harry Harlow na Universidade de Wisconsin, desenvolveu o campo da psicologia humanística, que questionava a ideia de que o comportamento humano se limitava a, como nos ratos, buscar estímulos positivos e evitar estímulos negativos. Em 1960, o professor de administração do Instituto de Tecnologia de Massachusetts (MIT) Douglas McGregor importou algumas das ideias de Maslow para o mundo dos negócios. McGregor desafiou os pressupostos de que os seres humanos são fundamentalmente inertes – que não faríamos muita coisa se não houvesse recompensas e punições externas. Segundo ele, as pessoas teriam outros impulsos, até mais elevados. E esses impulsos poderiam beneficiar as empresas se os gestores e líderes os respeitassem. Em parte graças a McGregor, as empresas evoluíram um pouco. As normas de vestuário ficaram mais descontraídas, os cronogramas, mais flexíveis. Muitas organizações buscaram meios de conceder aos funcionários maior autonomia e ajudá-los a crescer. Esses aperfeiçoamentos corrigiram algumas fraquezas, mas representaram uma melhoria modesta em vez de uma atualização completa: era a Motivação 2.1.

E essa abordagem geral permaneceu intacta. Afinal, era de fácil entendimento, monitoramento simples e aplicação direta. Porém, nos primeiros dez anos deste século – um período de insucesso realmente espantoso nos negócios, na tecnologia e no progresso social –, descobrimos que esse sistema operacional velho e resistente já não funciona tão bem. Ele tem panes frequentes e imprevisíveis. Força as pessoas a bolarem maneiras de contornar suas falhas. E, acima de tudo, está se mostrando incompatível com muitos aspectos dos negócios contemporâneos. Ao examinar de perto esses problemas de incompatibilidade, percebemos que atualizações modestas – um remendo aqui, outro ali – não solucionam o problema. Precisamos de uma atualização totalmente reformulada.

TRÊS PROBLEMAS DE INCOMPATIBILIDADE

O sistema operacional Motivação 2.0 ainda serve bem a alguns propósitos. Só não é confiável. Às vezes funciona; muitas vezes, não. E entender seus bugs nos ajudará a determinar quais partes preservar e quais descartar ao desenvolvermos uma atualização. Esses bugs se enquadram em três amplas categorias. Nosso sistema operacional atual tem apresentado certo grau de incompatibilidade, às vezes em grau máximo, com estes pontos: como organizamos nossas ações; como pensamos sobre nossas ações; e como agimos.

Como organizamos nossas ações

Voltemos àquele embate enciclopédico entre Microsoft e Wikipédia. Os pressupostos centrais da Motivação 2.0 sugerem que um resultado como esse não deveria sequer ser possível. A vitória da Wikipédia parece desafiar as leis da física comportamental.

Ora, se essa enciclopédia totalmente voluntária e amadora fosse um caso pontual, poderíamos descartá-la considerando-a uma aberração, uma exceção que confirma a regra. Mas não é. Pelo contrário, a Wikipédia é o representante mais poderoso do novo modelo de negócios do século XXI: o código aberto.

Ligue seu computador, por exemplo. Quando você entra na internet para saber a previsão do tempo ou comprar um par de tênis, pode estar usando o Firefox, um navegador gratuito e de código aberto criado quase exclusivamente por voluntários de todo o mundo. Trabalhadores oferecendo seu produto sem remuneração em troca? Isso não tem como ser sustentável. Os incentivos estão todos errados. No entanto, o Firefox tem mais de 150 milhões de usuários.

Ou então visite o departamento de TI de uma grande empresa em qualquer parte do mundo e peça para fazer um tour pelo local. Os servidores dessa empresa poderiam muito bem rodar com o Linux, software concebido por um exército de programadores não pagos e disponível gratuitamente. Hoje, o Linux está presente em um de cada quatro servidores corporativos. Depois, peça que lhe expliquem como funciona o site da empresa. É provável que esteja hospedado no Apache, um software livre de servidor web criado e mantido por um amplo grupo global de voluntários. A participação do Apache no mercado de servidores web é de 52%. Em outras palavras, empresas que se baseiam em recompensas externas para motivar seus funcionários executam alguns de seus sistemas mais importantes com produtos criados por profissionais que parecem não precisar de tais recompensas.

E não se trata apenas das dezenas de milhares de projetos de software por todo o globo. Atualmente, já encontramos no modelo de desenvolvimento de código aberto: livros de receitas; livros-textos; projetos de carros; pesquisa médica; sumários jurídicos;

bancos de imagens; próteses; cooperativas de crédito; bebidas de cola; e, se não bastam os refrigerantes, até cerveja de código aberto.

Essa nova forma de organizar nossas ações não elimina as recompensas extrínsecas. As pessoas engajadas no movimento do código aberto não fizeram voto de pobreza. Para muitas delas, a participação nesses projetos pode ser uma forma de marketing pessoal e de prática de habilidades, o que pode vir a lhes render maiores ganhos financeiros. Empresas, algumas lucrativas, vêm sendo criadas com o intuito de ajudar organizações a implementar e manter softwares de código aberto.

Em última análise, contudo, o código aberto depende da motivação intrínseca tanto quanto os modelos de negócios mais antigos dependem da motivação extrínseca, como mostraram diversos estudiosos. O professor de administração Karim Lakhani, do MIT, e o consultor Bob Wolf, do Boston Consulting Group, entrevistaram 684 desenvolvedores de código aberto, a maioria na América do Norte e na Europa, para entender por que haviam participado daqueles projetos. Lakhani e Wolf receberam como resposta uma série de motivos, mas descobriram "que a motivação intrínseca baseada na satisfação, ou seja, no quão criativa uma pessoa se sente ao trabalhar no projeto, é o motivador mais forte e mais comum".[2] A grande maioria dos programadores entrevistados informou também que com frequência atingia o estado de envolvimento total chamado "fluxo". Em paralelo, três economistas alemães que estudaram projetos de código aberto em diversos países descobriram que o que impele os participantes é "um conjunto de motivações predominantemente intrínsecas", em especial "a diversão [...] de solucionar o desafio de um dado problema de software" e o "desejo de contribuir para a comunidade de programadores".[3] A Motivação 2.0 tem pouco espaço para esse tipo de impulso.

Além disso, o código aberto é apenas um exemplo de como as pessoas estão reestruturando suas ações ao longo de novas linhas organizacionais e sobre um terreno motivacional diferente. Passemos do código de software para o código legal. As leis nos países mais desenvolvidos permitem essencialmente dois tipos de organização: com e sem fins lucrativos. Uma ganha dinheiro, a outra faz o bem. E o membro mais proeminente da primeira categoria é a empresa de capital aberto – pertencente a acionistas e dirigida por gestores que são supervisionados por uma diretoria. Os gestores e diretores têm uma responsabilidade primordial: maximizar o ganho dos acionistas. Outros tipos de organização comercial seguem as mesmas normas. Nos Estados Unidos, por exemplo, sociedades, corporações S, corporações C, empresas de responsabilidade limitada e outras configurações empresariais têm, todas elas, uma mesma finalidade. O objetivo de seus dirigentes – em termos práticos, legais e, de certa forma, morais – é maximizar o lucro.

Permita-me fazer um elogio empolgado, sincero e grato às empresas desse tipo e aos países visionários que propiciam aos seus cidadãos criá-las. Sem elas, nossa vida seria infinitamente menos próspera, menos saudável e menos feliz. Mas, nos últimos anos, diversas pessoas em todo o mundo vêm mudando essa receita e gerando uma nova fornada de organizações empresariais.

Em abril de 2008, por exemplo, Vermont se tornou o primeiro estado norte-americano a permitir um novo tipo de empresa denominada "sociedade de responsabilidade limitada de baixo lucro", abreviadamente L3C (devido ao nome em inglês, *low-profit limited liability corporation*). Essa entidade é uma companhia – mas não como tipicamente imaginamos. Como explicado em um artigo, uma L3C funciona "como uma empresa com fins lucrativos que gera ao menos lucros modestos, mas seu objetivo básico é oferecer benefícios sociais significativos". Três outros estados norte-americanos seguiram o exemplo de Vermont.⁴ Uma L3C na Carolina do Norte, por exemplo, está comprando fábricas de móveis abandonadas no estado, atualizando-as com tecnologia verde e alugando-as a fabricantes em dificuldades a valores baixos. O empreendimento pretende ganhar dinheiro, mas seu propósito real é ajudar a revitalizar uma região em crise.

Nesse ínterim, o vencedor do Prêmio Nobel da Paz Muhammad Yunus começou a criar as chamadas "empresas sociais". Elas arrecadam capital, desenvolvem produtos e os vendem em um mercado aberto, mas a serviço de uma missão social maior – ou, em suas palavras, "com o princípio de maximização do lucro substituído pelo princípio do benefício social". O grupo Fourth Sector Network está promovendo, nos Estados Unidos e na Dinamarca, "a organização orientada ao benefício" – um híbrido que, segundo seus representantes, apresenta uma categoria nova de organização, que é autossustentável economicamente e, ao mesmo tempo, movida por um propósito público. Um exemplo: Mozilla, a entidade que nos deu o Firefox, está estruturada como uma organização "pró-benefício". E três empresários norte-americanos inventaram a "Corporação B", uma designação que exige que as empresas reformulem seus estatutos para que os incentivos favoreçam o valor a longo prazo e o impacto social em vez dos ganhos financeiros a curto prazo.⁵

Nem a produção de código aberto nem as antes inimagináveis empresas "com fins não apenas lucrativos" constituem a norma, é claro; tampouco vão relegar a empresa de capital aberto à lata de lixo. Mas seu surgimento informa algo importante sobre os rumos que estamos tomando. "Existe um grande movimento lá fora que ainda não é reconhecido como um movimento", declarou ao *The New York Times* um advogado especializado em organizações pró-benefício.⁶ Talvez porque as empresas tradicionais sejam maximizadoras de lucro, enquadrando-se perfeitamente na Motivação 2.0. Essas entidades novas são maximizadoras de propósito – portanto, inadequadas ao sistema operacional mais antigo, pois desprezam seus princípios.

Como pensamos sobre nossas ações

Quando comecei a estudar economia, no início da década de 1980, nossa professora – uma conferencista brilhante com uma presença de palco tipo general Patton – fez um importante esclarecimento antes de traçar no quadro-negro a primeira curva de indiferença. A economia, explicou ela, não estuda o dinheiro. Estuda o comportamento. Todos nós passamos o dia inteiro calculando os custos e os benefícios de nossas ações e depois decidindo como agir. Os economistas estudam o que as pessoas fazem, e não o que dizem, porque fazemos o que é melhor para nós. Fazemos escolhas racionais em nome de nossos interesses econômicos.

Quando estudei direito, alguns anos depois, uma ideia semelhante apareceu. O então ascendente campo de "direito e economia" sustentava que, precisamente por sermos excelentes em fazer escolhas em prol de nossos interesses, as leis e regulamentos com frequência impedem, em vez de permitir, resultados sensatos e justos. Sobrevivi à faculdade de direito sobretudo porque descobri a frase mágica da qual sempre lançava mão nas provas: "Em um mundo de fluxo de informações perfeito e custos de transações baixos, as partes barganharão visando à maximização da riqueza."

Cerca de uma década depois, ocorreu uma curiosa reviravolta que me fez questionar grande parte do que eu tanto lutara, e até me endividara, para aprender. Em 2002, a Fundação Nobel concedeu o prêmio de economia a um sujeito que nem sequer era economista. E lhe deu a distinção máxima nesse campo por ele ter revelado que nem sempre fazemos escolhas econômicas racionais e que as partes com frequência não barganham visando à maximização da riqueza. Daniel Kahneman, psicólogo norte-americano que ganhou o Prêmio Nobel de Economia daquele ano pelo trabalho realizado com o israelense Amos Tversky, contribuiu para que mudássemos nossa maneira de pensar sobre nossas ações. E uma das implicações dessa nova maneira de pensar é que ela questiona muitos dos pressupostos da Motivação 2.0.

Kahneman e outros estudiosos da economia comportamental concordavam com a ideia da minha professora de que a economia estuda o comportamento econômico humano. A diferença é que eles acreditavam que dávamos ênfase demais ao econômico e ênfase insuficiente ao humano. Aquela pessoa hiper-racional com cérebro de calculadora não era real, mas sim uma ficção conveniente.

Vamos fazer um joguinho para eu tentar ilustrar esse fato. Suponha que alguém me dê 10 dólares para que eu divida com você – posso lhe dar uma parte, tudo ou nada. Se você aceitar minha oferta, ambos ficamos com o dinheiro, mas, se você a recusar, nenhum de nós recebe nada. Se eu lhe oferecesse 6 dólares (e ficasse com 4), você aceitaria? É quase certo que sim. Se eu lhe oferecesse 5, provavelmente você aceitaria também. Mas e se eu lhe oferecesse 2 dólares? Você aceitaria? Em um experimento replicado mundo afora, a maioria das pessoas rejeitou ofertas de 2 dólares ou menos,[7] o que não faz sentido em termos de maximização da riqueza. Se você aceitar os 2 dólares, ficará 2 dólares mais rico. Se recusar, não receberá nada. Sua calculadora cognitiva sabe que 2 é maior que 0 – mas, como você é um ser humano, sua noção de lisura, seu desejo de vingança ou sua simples irritação acaba prevalecendo.

Na vida real, nosso comportamento é bem mais complexo do que admite a teoria e muitas vezes desafia a ideia de que somos puramente racionais. Não poupamos o suficiente para a aposentadoria, embora isso seja, sem dúvida, economicamente vantajoso; persistimos em investimentos ruins por mais tempo do que deveríamos, porque nos preocupamos mais em não perder dinheiro do que em ganhá-lo; entre dois aparelhos de TV, escolheremos um deles, mas, se entrar em jogo uma terceira opção irrelevante, escolheremos o outro. Em suma, somos irracionais – de maneira previsível, segundo o economista Dan Ariely, autor de *Previsivelmente irracional*, livro que oferece uma visão geral divertida e envolvente da economia comportamental.

O problema para nossos propósitos é que a Motivação 2.0 presume sermos os mesmos maximizadores de riqueza robóticos em quem fui ensinado a acreditar décadas atrás. A própria premissa dos motivadores extrínsecos é que sempre reagimos racionalmente a eles, mas a maioria dos economistas não acredita mais nisso. Às vezes essas motivações funcionam; em geral, não. E com frequência infligem danos colaterais. Em suma, a nova forma de pensar sobre nossas ações no âmbito econômico é difícil de ser conciliada com a Motivação 2.0.

Além disso, se as pessoas fazem coisas por motivos estúpidos e retrógrados, por que não faríamos também coisas em busca de sentido e de autorrealização? Se somos previsivelmente irracionais – e é evidente que somos –, por que não seríamos também previsivelmente transcendentes?

Se isso parece uma conclusão forçada, vejamos alguns de nossos outros comportamentos estranhos. Deixamos um emprego em que ganhamos bem para aceitarmos um outro com baixa remuneração, mas que fornece uma sensação de propósito mais clara; nos esforçamos para aprender a tocar clarinete nos fins de semana mesmo tendo pouca esperança de que isso nos vá render algum tostão (Motivação 2.0) ou um parceiro (Motivação 1.0);

solucionamos quebra-cabeças mecânicos mesmo sem ganhar passas nem moedas por isso.

Alguns acadêmicos já estão ampliando o alcance da economia comportamental para englobar essas ideias. O mais proeminente é Bruno Frey, economista da Universidade de Zurique. Assim como os economistas comportamentais, ele argumenta que precisamos ir além da ideia do *Homo oeconomicus* (o Homem Econômico, esse robô fictício maximizador da riqueza), mas sua extensão segue em uma direção ligeiramente diferente – rumo ao que ele chama de *Homo oeconomicus maturus* (ou Homem Econômico Maduro). Essa figura, diz ele, "é mais 'madura' no sentido de que conta com uma estrutura motivacional mais refinada". Em outras palavras, para entendermos plenamente o comportamento econômico humano, precisamos aceitar uma ideia que diverge da Motivação 2.0. Nas palavras de Frey: "A motivação intrínseca é de grande importância para todas as atividades econômicas. É inconcebível que toda a motivação das pessoas, ou mesmo sua maior parte, se resuma a incentivos externos."[8]

Como agimos

Se você gerencia outras pessoas, olhe rapidamente para trás. Tem um fantasma pairando lá. Seu nome é Frederick Winslow Taylor (ele já apareceu neste capítulo, lembra?) e ele está sussurrando ao seu ouvido: "O trabalho consiste, em grande parte, em tarefas simples, não muito interessantes. O único meio de fazer com que as pessoas realizem essas tarefas é incentivá-las apropriadamente e monitorá-las de perto." No início do século XX, Taylor tinha certa razão. Hoje, em grande parte do mundo, isso é menos verdadeiro. Sim, para alguns o trabalho permanece rotineiro, não desafiador e ditado por outros, mas, para um número surpreendente de pessoas, os empregos se tornaram mais complexos, mais interessantes e com mais autonomia. E esse tipo de trabalho representa um desafio direto aos pressupostos da Motivação 2.0.

Comecemos pela complexidade. Os cientistas comportamentais costumam dividir em duas categorias o que fazemos no trabalho ou aprendemos na escola: "algorítmico" e "heurístico". Uma tarefa algorítmica é aquela em que você segue instruções preestabelecidas, por um caminho único, até uma determinada conclusão. Ou seja, existe um algoritmo para resolvê-la. Uma tarefa heurística é o contrário disso. Precisamente por não existir nenhum algoritmo para ela, você precisa experimentar possibilidades e conceber uma solução nova. O trabalho de um caixa de supermercado é, em sua maior parte, algorítmico. São mais ou menos as mesmas tarefas, repetidas vezes e mais vezes de uma determinada maneira. Já a criação de uma campanha publicitária é um trabalho, em sua maior parte, heurístico, pois é preciso criar algo novo.

Durante o século XX, a maior parte do trabalho foi algorítmica. Não apenas em empregos em que o operário girava o mesmo parafuso da mesma forma o dia inteiro – mesmo quando trocávamos o trabalho industrial pelo de escritório, as tarefas realizadas tendiam a ser rotineiras. Ou seja, conseguíamos reduzir grande parte das nossas ações – em contabilidade, direito, programação de computadores e outros campos – a um roteiro, uma folha de especificações, uma fórmula ou uma série de passos que levavam a uma resposta certa. Mas hoje em dia, em grande parte da América do Norte, da Europa Ocidental, do Japão, da Coreia do Sul e da Austrália, o trabalho administrativo rotineiro vem desaparecendo. Está migrando para o exterior, para qualquer lugar onde possa ser feito por menor custo. Na Índia, na Bulgária, nas Filipinas e em outros países, trabalhadores com remuneração menor essencialmente executam o algoritmo, descobrem a resposta certa e a fornecem instantaneamente, de seu computador, para alguém a 10 mil quilômetros de distância.

Mas esse processo de deslocalização industrial, ou *offshoring*, é apenas uma das pressões sobre o trabalho baseado em regras, realizado pelo lado esquerdo do cérebro. Assim como bois e, depois, guindastes substituíram o trabalho físico simples, computadores estão substituindo o trabalho intelectual simples. Dessa forma, enquanto a terceirização está apenas começando a ganhar velocidade, os softwares já conseguem realizar muitas funções profissionais baseadas em regras, e o fazem melhor, mais rápido e mais barato do que nós. Isso significa que, se um contador realiza principalmente trabalho rotineiro, ele enfrenta a concorrência não apenas de contadores em Manila que recebem 500 dólares mensais em vez da média americana bastante superior, mas também de programas de declaração de impostos que qualquer um pode baixar por 30 dólares. A empresa de consultoria McKinsey & Company estima que atualmente, nos Estados Unidos, apenas 30% dos novos empregos gerados vêm de trabalho algorítmico, enquanto 70% vêm de trabalho heurístico.[9] O motivo principal: o trabalho rotineiro pode ser terceirizado ou automatizado; o trabalho artístico, empático, não rotineiro geralmente não pode.[10]

As implicações desse processo para a motivação humana são vastas. Pesquisadores como Teresa Amabile, da Harvard Business School, descobriram que recompensas e punições externas – tanto as cenouras quanto os chicotes – podem funcionar bem com tarefas algorítmicas, mas podem ser devastadoras para tarefas heurísticas. Esses tipos de desafio – solucionar problemas novos ou criar algo que o mundo não sabia que era tão bom – depende fortemente do terceiro impulso de Harlow. Amabile chama isso de princípio da motivação intrínseca da criatividade e afirma: "A motivação intrínseca é propícia à criatividade; a motivação extrínseca controladora é prejudicial à criatividade."[11] Em outras palavras, os princípios centrais da Motivação 2.0 podem na verdade piorar o desempenho no trabalho heurístico, responsabilidade do lado direito do cérebro, do qual depende a economia moderna.

Em parte por ter se tornado mais criativo e menos rotineiro, o trabalho se tornou também mais agradável. Isso desafia os pressupostos da Motivação 2.0, sistema operacional que se baseia na crença de que o trabalho não é intrinsecamente agradável e é precisamente por isso que precisamos estimular as pessoas com recompensas externas e ameaçá-las com punições externas. Uma descoberta inesperada do psicólogo Mihaly Csikszentmihalyi, que encontraremos no Capítulo 5, é que as pessoas tendem bem mais a relatar "experiências ideais" no trabalho do que em momentos de lazer. Bem, se o trabalho é intrinsecamente agradável para um número cada vez maior de pessoas, então os incentivos externos centrais à Motivação 2.0 se tornam menos necessários. Pior: como Deci vislumbrou quarenta anos atrás, acrescentar certos tipos de recompensa extrínseca a tarefas intrinsecamente interessantes muitas vezes mina a motivação e diminui o desempenho.

Mais uma vez, certas ideias fundamentais subitamente parecem menos sólidas. Vejamos o curioso exemplo da Vocation Vacations, empresa à qual as pessoas pagam seu suado dinheiro para... trabalhar em outro emprego. Elas usam seu tempo livre para ver como é ser chef, administrar uma loja de bicicletas ou cuidar de um abrigo para animais. O surgimento desse e de outros empreendimentos semelhantes indica que o trabalho, sempre considerado pelos economistas uma "desutilidade" (algo que evitaríamos se não recebêssemos um pagamento em troca), vem se tornando uma "utilidade" (algo a que nos dedicaríamos mesmo na ausência de um retorno tangível).

Por fim, supondo que o trabalho é terrível, a Motivação 2.0 sustenta que as pessoas precisam ser cuidadosamente monitoradas para não se esquivarem de suas tarefas. Essa ideia também vem se tornando menos relevante e, em muitos aspectos, menos possível. Consideremos o fato de que os Estados Unidos sozinhos possuem, hoje, mais de 18 milhões do que o censo denomina "empresas não empregadoras" – empresas sem quaisquer funcionários pagos. Como as pessoas nessas empresas não possuem subordinados, não têm ninguém para gerenciar ou motivar. Por outro lado, como tampouco possuem chefes, não há ninguém para gerenciá-las ou motivá-las. Elas precisam dirigir a si próprias.

O mesmo ocorre com pessoas que não estão tecnicamente trabalhando para si próprias. Nos Estados Unidos, 33,7 milhões de pessoas trabalham em casa ao menos um dia no mês e 14,7 milhões o fazem diariamente – colocando uma parte substancial da força de trabalho fora do alcance do olhar de um gerente e forçando-a a dirigir o próprio trabalho.[12] E, mesmo que isso ainda não seja a regra, as organizações estão, de maneira geral, se tornando mais enxutas e menos hierárquicas. Em um esforço para reduzir custos, elas miram nas gorduras da parcela intermediária, o que significa que os gestores supervisionam números maiores de pessoas e, por consequência, inspecionam cada uma delas menos atentamente.

À medida que as organizações se horizontalizam, precisam mais de pessoas com automotivação. Essa necessidade força muitas organizações a se tornarem mais... bem, como a Wikipédia. Ninguém "gerencia" os wikipedianos. Ninguém perde tempo tentando descobrir como "motivá-los". Por isso é que ela funciona. Trabalhos rotineiros, menos interessantes, exigem direção; trabalhos não rotineiros, mais interessantes, dependem de autonomia. Um líder empresarial que não quis se identificar disse isso claramente ao me contar que, durante entrevistas de emprego, ele informa aos candidatos: "Se você precisa de mim para motivá-lo, provavelmente não vou querer contratá-lo."

Recapitulando: a Motivação 2.0 apresenta três problemas de compatibilidade. Não se harmoniza com a forma como muitos dos novos modelos de negócios organizam nossas ações – pois somos maximizadores de propósito intrinsecamente motivados, não apenas maximizadores de lucro extrinsecamente motivados. Ela não se adapta à maneira como a economia do século XXI pensa sobre nossas ações – porque os economistas estão enfim percebendo que somos seres humanos complexos, não robôs econômicos tacanhos. E, talvez mais importante, não é facilmente conciliável com grande parte do que fazemos no trabalho – porque, para um número crescente de pessoas, o trabalho é com frequência criativo, interessante e livre de imposições em vez de implacavelmente rotineiro, maçante e dirigido por outros. Tomados em conjunto, esses problemas de compatibilidade nos advertem de que algo deu errado em nosso sistema operacional motivacional.

No entanto, para descobrirmos exatamente o quê, precisamos examinar os bugs ocorridos, e isso é um passo essencial para desenvolvermos um sistema novo.

CAPÍTULO 2

Sete razões pelas quais recompensas e punições (geralmente) não funcionam...

Na ausência de forças externas, um objeto em movimento permanece em movimento e um objeto em repouso permanece em repouso.

Essa é a primeira lei de Newton. Assim como as outras leis de Newton, é elegante e simples – o que faz parte de seu poder; afinal, mesmo pessoas como eu, que penaram para estudar física no ensino médio, conseguem entendê-la e usá-la para interpretar o mundo.

A Motivação 2.0 é semelhante. Em seu núcleo estão duas ideias elegantes e simples:

Se recompensar uma atividade, você receberá mais dela. Se punir uma atividade, receberá menos dela.

E, assim como os princípios de Newton podem nos ajudar a explicar nosso ambiente físico ou a descrever a trajetória de uma bola lançada, os princípios da Motivação 2.0 podem nos ajudar a compreender nosso ambiente social e prever a trajetória do comportamento humano.

Mas a física newtoniana encontra problemas no nível subatômico. Lá embaixo – na terra dos hádrons, quarks e do gato de Schrödinger –, as coisas ficam bizarras, e a fria racionalidade de Isaac Newton dá lugar à estranha imprevisibilidade de Lewis Carroll. A Motivação 2.0 é semelhante também nesse aspecto. Quando recompensas e punições deparam com nosso terceiro impulso, algo como uma mecânica quântica comportamental parece assumir o controle e coisas estranhas passam a acontecer.

Claro que o ponto de partida de qualquer discussão sobre motivação no local de trabalho é um fato simples: as pessoas precisam ganhar a vida. Salário, pagamentos contratuais, alguns benefícios, umas poucas mordomias são o que denomino "recompensas básicas". Se as recompensas básicas de alguém não são adequadas ou justas, seu foco se voltará para a injustiça de sua situação e a angústia de sua circunstância. Nesse caso, não veremos nem a previsibilidade da motivação extrínseca nem a estranheza da motivação intrínseca. Veremos pouquíssima motivação.

Mas, uma vez transposto esse limiar, recompensas e punições podem conduzir exatamente ao oposto de seus objetivos. Mecanismos projetados para aumentar a motivação podem enfraquecê-la; táticas visando promover a criatividade podem reduzi-la; programas para promover boas ações podem fazê-las desaparecer. Quanto ao comportamento negativo, esses mecanismos podem, em vez de refreá-lo, ampliá-lo – e dar origem a desonestidade, vício e um perigoso pensamento míope.

Isso é estranho. E não ocorre em todas as circunstâncias (falaremos mais sobre isso adiante neste capítulo). Mas, como demonstra o experimento de Edward Deci com o cubo Soma, muitas práticas que consideramos certas produzem resultados inesperados: podem nos fornecer menos do que queremos e mais do que não queremos. Esses são os bugs da Motivação 2.0. E eles vêm à tona quer estejamos prometendo rupias na Índia, cobrando shekels em Israel, coletando sangue na Suécia ou pintando quadros em Chicago.

MENOS DO QUE QUEREMOS

Uma das cenas mais marcantes da literatura americana oferece uma importante lição sobre a motivação humana. No capítulo 2 de *As aventuras de Tom Sawyer*, de Mark Twain, Tom enfrenta a assustadora tarefa de caiar a cerca de 75 metros quadrados da tia Polly. Ele não está muito empolgado com a missão: "A vida para ele pareceu vazia, e a existência, um fardo."

Mas, justo quando Tom está quase perdendo a esperança, "nada menos do que uma grande, magnífica inspiração" irrompe nele. Quando seu amigo Ben passa por lá e zomba dele por sua triste sina, Tom se faz de desentendido. Espalhar tinta numa cerca não é um sofrimento, diz ele. É um privilégio fantástico: uma fonte de, bem, motivação intrínseca. É uma tarefa tão fascinante que Ben pede para dar umas pinceladas, mas Tom não permite, cedendo apenas quando Ben oferece sua maçã em troca da oportunidade.

Logo mais meninos chegam, e todos caem na armadilha de Tom e acabam caiando a cerca (diversas vezes) no lugar dele. Desse episódio, Twain extrai o princípio motivacional básico de que "Trabalho consiste em algo que um corpo é OBRIGADO a fazer, enquanto Brincadeira consiste naquilo que um corpo não é obrigado a fazer". Assim prossegue ele:

> Há senhores muito ricos, na Inglaterra, capazes de guiar carros de passageiros puxados por quatro cavalos por 20 ou 30 milhas todos os dias no verão, porque o privilégio lhes custa uma quantia considerável, mas que se recusariam a fazê-lo se lhes ofere-

cessem um ordenado pelo serviço, pois isso transformaria aquilo em trabalho e eles recusariam.[1]

Em outras palavras, recompensas podem realizar um tipo estranho de alquimia comportamental: transformar uma tarefa interessante num fardo, ou transformar brincadeira em trabalho. E, ao diminuir a motivação intrínseca, podem derrubar o desempenho, a criatividade e até o comportamento honrado, como peças de dominó. Chamemos isso de Efeito Sawyer.* Uma amostra de experimentos intrigantes ao redor do mundo revela os quatro domínios em que esse efeito entra em ação – e mostra, outra vez, o abismo entre o que a ciência sabe e o que as empresas fazem.

Motivação intrínseca

Estudiosos do comportamento como Deci começaram a descobrir o Efeito Sawyer quase quarenta anos atrás, embora não o chamassem assim. Eles se referiam às consequências inesperadas dos incentivos extrínsecos como "os ônus das recompensas" (*the hidden costs of rewards*). Esse, de fato, foi o título do primeiro livro sobre o tema – uma pesquisa de 1978, organizada pelos psicólogos Mark Lepper e David Greene.

Um dos primeiros estudos de Lepper e Greene, realizado com a contribuição de Robert Nisbett, se tornou um clássico da área e um dos artigos mais citados na literatura motivacional. Os três pesquisadores observaram uma turma da pré-escola por diversos dias e identificaram as crianças que optavam por passar todo o "recreio" desenhando. Depois, criaram um experimento para testar o efeito

---

* A definição bilateral do Efeito Sawyer seria: práticas que conseguem transformar brincadeira em trabalho ou transformar trabalho em brincadeira.

de recompensar uma atividade que aquelas crianças claramente apreciavam.

As crianças foram divididas em três grupos. O primeiro foi o grupo da "recompensa esperada": eles mostraram a cada um dos componentes um certificado de "Artista nota 10" (adornado com uma fita azul e contendo o nome da criança), que prometeram como prêmio por um desenho. O segundo grupo foi o da "recompensa inesperada": os pesquisadores perguntaram a essas crianças simplesmente se elas queriam desenhar, e, se elas dissessem que sim, receberiam o certificado no fim da sessão. O terceiro grupo foi o "sem recompensa": os pesquisadores perguntaram a essas crianças se elas queriam desenhar, mas não prometeram nenhum certificado no início nem o deram no final.

Duas semanas depois, na sala de aula, os professores distribuíram papel e canetinhas durante o recreio da pré-escola, enquanto os pesquisadores observavam as crianças sem que elas soubessem. Os grupos de "recompensa inesperada" e "sem recompensa" desenharam tanto quanto antes do experimento, e com o mesmo prazer. Mas o primeiro grupo – as crianças que receberam a recompensa com aviso prévio – mostraram bem menos interesse e passaram bem menos tempo desenhando.[2] Era o Efeito Sawyer em ação. Mesmo após duas semanas, aqueles prêmios atraentes – tão comuns em salas de aula e escritórios – haviam transformado diversão em trabalho.

Para sermos claros, não foram necessariamente as próprias recompensas que reduziram o interesse das crianças. Lembre-se: quando as crianças não esperavam uma recompensa, recebê-la teve pouco impacto sobre sua motivação intrínseca. Somente recompensas contingentes – do tipo "Se você fizer isto, receberá aquilo" – tiveram efeito negativo. Por quê? Recompensas assim, do tipo "desde que" ("desde que você faça isto, lhe darei aquilo"), impõem às pessoas que abram mão de parte de sua autonomia. Tal como os cavalheiros ingleses que conduziam carruagens por dinheiro, e não por prazer, elas já não estão mais controlando plenamente a própria vida. E isso pode ser um furo no fundo do balde de motivação, drenando o prazer de uma atividade.

Lepper e Greene encontraram esses mesmos resultados em vários experimentos subsequentes com crianças. Tempos depois, outros pesquisadores chegaram a resultados semelhantes com adultos. Repetidas vezes, descobriu-se que as recompensas extrínsecas – em especial as recompensas contingentes, esperadas, do tipo "desde que" – extinguiam o terceiro impulso.

Essas descobertas se mostraram tão controvertidas – afinal, questionavam uma prática padrão na maioria das empresas e escolas – que, em 1999, Deci e dois colegas fizeram uma reanálise de quase três décadas de estudos sobre o tema, para confirmar as descobertas. "A investigação cuidadosa dos efeitos das recompensas relatados em 128 experimentos levou à conclusão de que recompensas tangíveis tendem a ter um efeito substancialmente negativo sobre a motivação intrínseca", concluíram eles. "Quando instituições – famílias, escolas, empresas e times esportivos, por exemplo – se concentram no curto prazo e optam por controlar o comportamento das pessoas", ocorrem grandes danos a longo prazo.[3]

Tente encorajar uma criança a aprender matemática pagando a ela por cada página de exercícios feita: é quase certo que a criança se tornará mais diligente a curto prazo, mas perderá o interesse pela matemática a longo prazo. Tente melhorar o desempenho de um designer que adora seu trabalho condicionando seu pagamento a um produto de sucesso: é quase certo que ele trabalhará feito louco no início, mas com o tempo perderá um pouco do interesse em seu trabalho. Nas palavras de um importante livro sobre ciência do comportamento, "As pessoas se valem de recompensas acreditando que ganharão o benefício de melhorar a motivação e o comportamento de outra pessoa, mas isso muitas vezes lhes traz o involuntário ônus oculto de solapar a motivação intrínseca daquela pessoa em relação à atividade".[4]

Essa é uma das descobertas mais sólidas em ciências sociais – e também uma das mais ignoradas. Apesar do trabalho de alguns popularizadores hábeis e entusiasmados – em particular, Alfie Kohn, cujo presciente *Punidos pelas recompensas*, livro de 1993, apresenta uma acusação devastadora contra os incentivos extrínsecos –, persistimos em tentar motivar as pessoas desse modo. Talvez tenhamos medo de deixar para trás a Motivação 2.0, apesar de suas falhas óbvias. Talvez nossa mente não consiga captar a peculiar mecânica quântica da motivação intrínseca.

Ou talvez exista uma explicação melhor. Ainda que essas recompensas controladoras ativem o Efeito Sawyer e sufoquem o terceiro impulso, pode ser que realmente contribuam para um desempenho melhor. Se isso for verdade, talvez não sejam tão ruins assim. Portanto, façamos a pergunta: recompensas extrínsecas aumentam o desempenho? Quatro economistas foram à Índia para descobrir.

Alto desempenho

Uma das dificuldades dos experimentos de laboratório que testam o impacto dos motivadores extrínsecos, como o dinheiro, é o custo. Se você vai pagar às pessoas pelo desempenho, precisa oferecer uma quantia significativa. E nos Estados Unidos e na Europa, onde o padrão de vida é alto, uma quantia significativa para um indivíduo multiplicada por dezenas de participantes pode resultar em contas salgadas para os pesquisadores.

Esse foi um dos motivos que levaram um quarteto de economistas – incluindo Dan Ariely, que já mencionei no capítulo anterior – a viajar para Madurai, Índia, a fim de avaliar os efeitos dos incentivos extrínsecos sobre o desempenho. Como o custo de vida na Índia rural é bem inferior ao dos Estados Unidos, os pesquisadores puderam oferecer grandes recompensas sem estourar suas contas bancárias.

Eles recrutaram 87 participantes para fazer atividades que exigiam coordenação motora, criatividade ou concentração (lançar bolas de tênis num alvo, solucionar anagramas, recordar uma sequência de dígitos, entre outros). Para testar o poder dos incentivos, os pesquisadores ofereceram três tipos de recompensa para quem alcançasse certos níveis de desempenho.

A um terço dos participantes foi oferecida uma recompensa pequena, 4 rupias (o que, na época, valia uns 50 centavos de dólar norte-americano e era mais ou menos o pagamento por um dia de trabalho em Madurai). A outro terço, foi oferecida uma recompensa média, 40 rupias (cerca de 5 dólares, ou duas semanas de trabalho). E a um último terço, foi oferecida uma recompensa bem grande, 400 rupias (cerca de 50 dólares, ou quase cinco meses de trabalho).

O que aconteceu? Será que o tamanho da recompensa previa a qualidade do desempenho?

Sim. Mas não como você esperaria. O desempenho das pessoas que receberam o prêmio mediano não superou o daquelas que receberam o prêmio pequeno. E o grupo superincentivado, o de 400 rupias? Foi o que se saiu pior. Por quase todos os indicadores, ficaram atrás dos outros dois grupos. Relatando os resultados ao Banco Central de Boston (Federal Reserve), os pesquisadores escreveram: "Em oito das nove tarefas que examinamos nos três experimentos, incentivos maiores levaram a desempenho pior."[5]

Vamos nos demorar um pouco nessa conclusão. Quatro economistas (dois do MIT, um da Carnegie Mellon e um da Universidade de Chicago) realizam pesquisas para o Federal Reserve System, um dos atores econômicos mais poderosos do mundo, mas, em vez de afirmarem um princípio empresarial simples – recompensas maiores levam a desempenhos melhores –, parecem refutá-lo. E não são apenas pesquisadores americanos que chegam a essas conclusões contraintuitivas. Em 2009, acadêmicos da London School of Economics – de onde saíram onze ganhadores do Prêmio Nobel de Economia – analisaram 51 estudos de planos corporativos de pagamento por desempenho. A conclusão: "Constatamos que incentivos financeiros [...] podem gerar um impacto negativo sobre o desempenho em geral."[6] Nos dois lados do Atlântico, há uma grande distância entre o que a ciência vem descobrindo e o que as empresas vêm fazendo.

"Muitas instituições atuais fornecem incentivos enormes exatamente pelos tipos de tarefa que usamos aqui", Ariely e seus colegas escreveram. "Nossos resultados desafiam [esse] pressuposto. Nosso experimento indica [...] que não se pode presumir que introduzir ou aumentar incentivos vá sempre melhorar o desempenho." Na verdade, em muitos casos, incentivos contingentes – aquele pilar da abordagem das empresas para tentar motivar seus funcionários – podem ser "uma proposta perdedora".

Claro que, não obstante alguns escritores procrastinadores, poucos de nós passamos nossas horas de trabalho lançando bolas de tênis ou resolvendo anagramas. Como ficam, então, as tarefas mais criativas, que se assemelham mais ao que realmente fazemos no trabalho?

Criatividade

Para um rápido teste do talento de resolução de problemas, poucos exercícios são mais úteis do que o "problema da vela". Concebido pelo psicólogo Karl Duncker na década de 1930, o problema da vela é usado em uma grande variedade de experimentos em comportamento. Vá em frente e veja como você se sai.

Você se senta junto a uma parede de madeira e recebe do pesquisador os itens mostrados a seguir: uma vela, algumas tachas e uma cartela de fósforos.

O problema da vela como é apresentado.

Sua tarefa é fixar a vela na parede sem que a cera respingue na mesa. Pense por um momento sobre como você resolveria o problema. Muitas pessoas começam tentando pregar a vela na parede. Mas isso não funciona. Algumas acendem um fósforo, derretem o lado da vela e tentam grudá-la na parede. Isso tampouco funciona. Mas, após cinco ou dez minutos, a maioria das pessoas chega à solução, que você pode ver a seguir.

O problema da vela solucionado.

O segredo está em superar o que se denomina "fixação funcional". Você olha para a caixa e vê apenas uma função: de recipiente para as tachas. Mas, pensando diferente, acaba vendo que a caixa pode ter outra função: de plataforma para a vela. Retomando termos do capítulo anterior, a solução não é algorítmica (seguir um caminho fixo), mas heurística (sair do caminho para descobrir uma estratégia nova).

O que acontece quando você dá às pessoas um desafio conceitual como esse e oferece recompensas por soluções rápidas? O psicólogo Sam Glucksberg, hoje na Universidade de Princeton, fez o teste duas décadas atrás cronometrando o tempo levado por dois grupos de participantes para solucionar o problema da vela. Ele informou ao primeiro grupo que só estava cronometrando a fim de criar normas para o tempo que normalmente se leva para completar esse tipo de quebra-cabeça. Ao segundo grupo, foram oferecidos incentivos. Se o participante ficasse entre os 25% mais rápidos de todas as pessoas testadas, receberia 5 dólares. Se o tempo do participante fosse o mais rápido de todos, a recompensa seria de 20 dólares. Ajustadas pela inflação, são quantias razoáveis para alguns poucos minutos de esforço – um bom motivador.

O grupo incentivado chegou à solução mais rápido? Em média, esses participantes levaram quase três minutos e meio a mais.[7] Sim, três minutos e meio a mais (sempre que conto esses resultados a um grupo de empresários, a reação é uma involuntária exclamação de surpresa e dor). Numa transgressão direta aos princípios centrais da Motivação 2.0, um incentivo criado para aguçar o raciocínio e a criatividade acabou tendo o efeito contrário. Por quê? Recompensas, pela própria natureza, estreitam nosso foco. Isso é útil quando existe um caminho claro para uma solução, pois nos ajuda a manter o olhar fixo em frente e correr mais rápido. No entanto, motivadores contingentes são péssimos para desafios como o problema da vela. Conforme mostra esse experimento, as recompensas estreitaram a visão das pessoas e toldaram a visão ampla que teria permitido ver novos usos para velhos objetos.

Algo semelhante ocorre com desafios menos ligados a solucionar um problema existente, mas a repetir algo novo. Teresa Amabile, a já citada professora da Harvard Business School e uma das maiores pesquisadoras do mundo sobre criatividade, testou com frequência os efeitos das recompensas contingentes sobre o processo criativo. Em um estudo, ela e outros dois pesquisadores recrutaram 23 artistas profissionais dos Estados Unidos que já haviam produzido tanto obras de arte encomendadas quanto não encomendadas e pediram que escolhessem aleatoriamente dez obras de cada um dos tipos. Depois, Amabile e sua equipe submeteram as obras a um grupo de artistas e curadores de renome, que nada sabiam do estudo, e pediram a esses especialistas que avaliassem as obras em termos de criatividade e perícia técnica.

"Nossos resultados foram bem surpreendentes", relataram os pesquisadores. "As obras encomendadas foram avaliadas como bem menos criativas do que as obras não encomendadas, embora não fossem avaliadas como diferentes na qualidade técnica. Além disso, os artistas relataram que se sentiam bem mais restringidos ao realizarem obras encomendadas do que ao realizarem obras não encomendadas." Um artista que eles entrevistaram descreve o Efeito Sawyer em ação:

> Não é sempre, mas muitas vezes, quando estou fazendo uma obra para outra pessoa, aquilo se torna mais "trabalho" do que prazer. Quando trabalho para mim mesmo, existe a pura alegria de criar e chego a trabalhar madrugada adentro sem sequer perceber. Numa obra encomendada, tenho que me refrear – tenho que estar atento para fazer o que o cliente deseja.[8]

Outro estudo com artistas, mas por um período mais longo, mostra que a preocupação com recompensas externas poderia até impedir o sucesso. No início da década de 1960, pesquisadores entrevistaram alunos de primeiro e segundo ano da School of the Art Institute de Chicago, buscando saber sobre suas atitudes em relação ao trabalho e se sua motivação era mais intrínseca ou extrínseca. Usando esses dados como referencial, outro pesquisador voltou a acompanhar esses estudantes no início da década de 1980, para ver como a carreira deles vinha progredindo. Entre as descobertas mais gritantes, especialmente para homens, está a seguinte: "Quanto menos sinais de motivação extrínseca durante a faculdade de artes, maior o sucesso na arte profissional, tanto alguns anos após a graduação quanto quase vinte anos depois." Pintores e escultores que eram intrinsecamente motivados, aqueles para os quais a alegria da descoberta e o desafio da criação eram as únicas recompensas, conseguiram suportar os tempos difíceis – e a falta de remuneração e reconhecimento – que inevitavelmente acompanham a carreira artística. E isso levou a mais um paradoxo no mundo de Alice no País das Maravilhas do terceiro impulso: "Os artistas que realizavam pinturas e esculturas mais pelo prazer da própria atividade do que por recompensas extrínsecas produziram arte que foi reconhecida socialmente como superior", diz o estudo. "Aqueles que menos buscam recompensas extrínsecas são os que as acabam recebendo."[9]

Claro que esse resultado não é verdadeiro em todas as tarefas. Amabile e outros pesquisadores descobriram que recompensas extrínsecas podem ser eficazes para tarefas algorítmicas – aquelas que dependem de seguir uma fórmula existente até sua conclusão lógica –, mas que, para realizações mais ligadas ao lado direito do cérebro – aquelas que exigem flexibilidade na resolução de problemas, inventividade ou compreensão conceitual –, recompensas contingentes podem ser perigosas. Pessoas que recebem recompensas muitas vezes têm mais dificuldade em ver planos periféricos e elaborar soluções originais. Essa é outra das descobertas mais sólidas da ciência social – especialmente porque refinada por Amabile e colegas no decorrer dos anos.[10] Para artistas, cientistas, inventores, estudantes e todos nós, a motivação intrínseca, esse impulso para fazer algo porque é interessante, desafiador e envolvente é essencial para altos níveis de criatividade. Mas os motivadores do tipo "desde que", tão comuns na maioria das empresas, com frequência sufocam, em vez de incentivarem, o pensamento criativo. Considerando que a economia progride para mais trabalho conceitual, envolvendo o lado direito do cérebro, isto é, mais pessoas lidando com diferentes versões do problema da vela, esse talvez seja o fosso mais alarmante entre o que a ciência sabe o que as empresas fazem.

Bom comportamento

Filósofos e profissionais médicos há muito debatem se doadores de sangue deveriam ser remunerados. Alguns alegam que o sangue, assim como tecidos e órgãos humanos, é algo especial – que não deveríamos poder comprá-lo ou vendê-lo como um barril de petróleo ou uma caixa de rolamentos. Outros argumentam que deveríamos pôr de lado nosso melindre, porque pagar por sangue nos garantiria um suprimento amplo.

Contudo, em 1970, o sociólogo britânico Richard Titmuss, que havia estudado a doação de sangue no Reino Unido, opinou com uma especulação mais ousada. Pagar pelo sangue não era só imoral, alegou ele. Era também ineficiente. Se a Grã-Bretanha decidisse pagar aos cidadãos para doarem sangue, haveria uma queda no suprimento. Que ideia mais absurda! Os economistas disfarçaram o riso. E Titmuss nunca testou a ideia; foi um mero palpite filosófico.[11]

Um quarto de século depois, dois economistas suecos decidiram ver se Titmuss estava certo. Num intrigante estudo de campo, visitaram um centro regional de hematologia em Gotemburgo e acharam 153 mulheres dispostas a doar sangue. Então dividiram as mulheres em três grupos – como parece ser o costume entre os pesquisadores do assunto.[12] O primeiro grupo foi informado de que a doação era voluntária; elas poderiam doar sangue, mas não receberiam pagamento em troca. Com o segundo grupo, o esquema foi diferente: se doassem sangue, aquelas participantes receberiam 50 coroas suecas (cerca de 7 dólares). O terceiro grupo recebeu uma variação da segunda oferta: um pagamento de 50 coroas, com a opção imediata de doar a quantia a uma instituição de caridade que cuidava de crianças com câncer.

No primeiro grupo, 52% das mulheres de fato doaram sangue. Eram cidadãs altruístas, aparentemente, dispostas a praticar uma boa ação por seus compatriotas suecos mesmo na ausência de remuneração.

E quanto ao segundo grupo? De acordo com a Motivação 2.0, esse grupo estaria um pouco mais motivado a doar. Haviam se apresentado espontaneamente, um sinal de motivação intrínseca; ganhar algumas coroas de quebra só reforçaria esse impulso. Mas, como você já deve desconfiar, não foi o que aconteceu. Nesse grupo, apenas 30% das mulheres decidiram doar sangue. Em vez de aumentar o número de doadores, a oferta de pagamento reduziu o número para quase metade.

Por fim, o terceiro grupo – que tinha a opção de repassar a remuneração diretamente a uma instituição de caridade – reagiu de maneira quase igual ao primeiro: 53% das mulheres doaram sangue.*

O palpite de Titmuss talvez estivesse certo, afinal. O incentivo monetário não levou a um aumento do comportamento desejado.

---

* Os resultados para os 119 homens no experimento foram um tanto diferentes. O pagamento não teve efeito estatisticamente significativo, seja positivo ou negativo, sobre a decisão de doar sangue.

Levou à redução. O motivo: manchou um ato altruísta e "suprimiu" o desejo intrínseco de praticar o bem.[13] Doar sangue é o exemplo máximo da prática do bem. Gera "uma sensação que o dinheiro não consegue comprar", conforme descrito pelos folhetos da Cruz Vermelha americana. Por isso é que as doações de sangue voluntárias aumentam sempre que há um caso de desastre natural ou outras calamidades.[14] Mas, se os governos pagassem às pessoas para ajudar seus vizinhos durantes essas crises, as doações poderiam declinar.

Dito isso, no exemplo sueco a recompensa em si não era inerentemente destrutiva. Ao que parece, a opção de doar as 50 coroas diretamente em vez de embolsá-las anulou o possível efeito negativo. Isso também é de extrema importância. Não é que todas as recompensas sejam sempre ruins. Por exemplo, quando o governo italiano forneceu aos doadores de sangue uma folga remunerada do trabalho, as doações aumentaram.[15] A lei removeu um obstáculo ao altruísmo. Assim, embora alguns defensores possam tentar convencê-lo do mal básico dos incentivos extrínsecos, empiricamente não é verdade. O que se constatou foi que misturar recompensas com tarefas intrinsecamente interessantes, criativas ou nobres – empregá-las sem uma compreensão da ciência peculiar da motivação – constitui um jogo bem perigoso. Quando usadas nessas situações, as recompensas contingentes costumam causar mais danos do que benefícios. Ao negligenciarem os ingredientes da motivação genuína – autonomia, excelência e propósito –, elas limitam o que cada um de nós pode alcançar.

MAIS DAQUILO QUE NÃO QUEREMOS

No universo invertido do terceiro impulso, recompensas podem, muitas vezes, produzir menos daquilo que estamos tentando encorajar. E a história não para por aí. Quando usados de maneira imprópria, os motivadores extrínsecos podem ter outro efeito colateral: podem nos dar mais daquilo que não queremos. Também aqui a prática das empresas não acompanhou o conhecimento da ciência. E o que a ciência está revelando é que recompensas e punições podem promover o mau comportamento, criar vício e encorajar o pensamento de curto prazo em detrimento da visão de longo alcance.

Comportamento antiético

O que poderia ser mais valioso do que ter uma meta? Desde nossa infância, professores, orientadores e pais nos aconselham a fixarmos metas e nos esforçarmos para alcançá-las – e com toda a razão. Metas funcionam. A literatura acadêmica mostra que, ao nos ajudar a ignorar distrações, as metas podem fazer com que nos esforcemos mais, trabalhemos mais tempo e obtenhamos mais resultados.

Recentemente, porém, um grupo de acadêmicos da Harvard Business School, da Kellogg School of Management (Northwestern University), da Eller College of Management (Universidade do Arizona) e da Wharton School (Universidade da Pensilvânia) questionou a eficácia dessa prescrição indiscriminada. "Em vez de ser oferecida como um remédio de venda livre para melhorar o desempenho", escreveram eles, "a fixação de metas deveria ser prescrita seletivamente, apresentada com um rótulo de advertência e monitorada estreitamente."[16] Metas que fixamos para nós mesmos visando ao aperfeiçoamento costumam ser saudáveis, mas, quando impostas por outros (metas de vendas, retornos trimestrais, notas em testes padronizados e assim por diante), podem ter efeitos colaterais perigosos.

Como todo motivador extrínseco, as metas estreitam nosso foco. Esta é uma das explicações para sua eficácia; elas fazem nossa mente se concentrar. Mas, como já vimos, o foco reduzido tem um preço. Para tarefas complexas ou conceituais, oferecer uma recompensa pode limitar o pensamento abrangente, necessário para chegar a uma solução inovadora. De forma semelhante, a presença de uma meta extrínseca suprema – particularmente uma meta mensurável, de curto prazo e cuja realização forneça uma grande recompensa – pode restringir nossa visão das dimensões maiores de nosso comportamento. Como escreve o grupo de professores de escolas de negócios, "indícios substanciais demonstram que, além de motivar o esforço construtivo, a fixação de metas pode induzir o comportamento antiético".

Os exemplos são inúmeros, segundo os pesquisadores. A Sears impôs uma cota de vendas de produtos ao seu pessoal de oficina de automóveis – e o resultado foi que os funcionários cobravam a mais dos clientes e realizavam consertos desnecessários. A Enron fixou metas de receita elevadas – e a corrida para atingi-las de qualquer jeito catalisou a ruína da empresa. A Ford estava tão decidida a produzir certo carro com certo peso a certo preço e em certa data que deixou de fazer as checagens de segurança e lançou o perigoso Ford Pinto.

O problema em fazer de uma recompensa extrínseca o único objetivo que importa é que algumas pessoas escolherão o caminho mais rápido, ainda que seja um caminho imoral.

A maioria dos escândalos e maus comportamentos que parecem endêmicos na vida moderna envolve atalhos. Executivos manipulam os resultados de lucros trimestrais para arrebatar um bônus por desempenho; escolas adulteram históricos de alunos para que eles ingressem na faculdade;[17] atletas recorrem a esteroides para ostentar números melhores e obter vultosos bônus de desempenho.

Compare essa abordagem com o comportamento desencadeado pela motivação intrínseca. Quando a recompensa é a própria atividade – aprender mais, encantar os clientes, dar o melhor de si –, não há atalhos. A única rota para o destino almejado é o caminho virtuoso.

Nesse caso, em certo sentido, é impossível agir de maneira antiética, porque a pessoa prejudicada não é um concorrente, mas você mesmo.

Claro que nem todas as metas são iguais. E – quero enfatizar este ponto – não são as metas e recompensas extrínsecas, em si, que corrompem nossas ações. A questão é que metas são mais tóxicas do que a Motivação 2.0 admite. Tanto que os professores de negócios sugerem que venham com uma tarja de advertência no rótulo: "Metas podem causar problemas sistemáticos para organizações devido a seus efeitos de foco reduzido, conduta antiética, maior exposição a riscos, menor cooperação e motivação intrínseca reduzida. Recomendável cautela ao aplicá-las em sua organização."

Se as metas como meio de obter recompensas às vezes encorajam o comportamento incorreto, então as punições deveriam ser capazes de impedi-lo, certo? Vamos com calma. O terceiro impulso é menos mecanicista e mais surpreendente que isso, como dois economistas israelenses descobriram em algumas creches.

Em 2000, Uri Gneezy e Aldo Rustichini estudaram algumas creches em Haifa, Israel, por vinte semanas.[18] Os locais abriam às sete e meia e fechavam às quatro da tarde. Se os pais não apanhassem todas as crianças até o horário de fechamento, um professor tinha que ficar até mais tarde.

Durante as quatro primeiras semanas do experimento, os economistas registraram quantos pais se atrasavam a cada semana. Antes de começar a quinta semana, eles afixaram o seguinte aviso (com a permissão dos administradores):

AVISO:

MULTA POR ATRASO

Como todos sabem, nosso horário de fechamento é às 16h. Já que alguns pais têm se atrasado, decidimos (com a aprovação da

Autoridade para Creches Privadas em Israel) instituir a cobrança de uma multa àqueles que chegarem após o horário para buscar seus filhos.

A partir do próximo domingo, será cobrado o valor de 10 shekels* a cada vez que uma criança for apanhada após as 16h10. Essa multa será calculada mensalmente e deverá ser paga junto com a mensalidade.

Atenciosamente,

A direção

A teoria por trás da multa, segundo Gneezy e Rustichini, era simples: "Quando consequências negativas são impostas a um comportamento, gera-se uma redução dessa reação específica." Em outras palavras, cobre dos pais uma multa e eles deixarão de chegar tarde.

Mas não foi isso que aconteceu. "Após a instituição da multa, observamos um contínuo aumento no caso de atrasos. A taxa enfim se estabilizou em um nível maior que o inicial, quase o dobro."[19] E, em uma linguagem que lembra Harry Harlow coçando a cabeça, eles escreveram que a literatura existente não explicava tal resultado; que, na verdade, a "possibilidade de uma intensificação do comportamento punido sequer fora cogitada".

Mais um bug no sistema Motivação 2.0. Um dos motivos para os pais chegarem na hora era o fato de manterem uma relação com os professores – que, afinal, cuidavam de seus preciosos filhos e filhas – e quererem tratá-los com justiça. Havia um desejo intrínseco de atender à pontualidade. Só que a ameaça de uma multa – tal como a promessa do pagamento em dinheiro no experimento da doação de sangue – removeu esse terceiro impulso. A multa recon-

---

* A multa era por criança, de modo que um pai que tivesse dois filhos teria que pagar 20 shekels israelenses a cada atraso. Quando o experimento foi realizado, 10 shekels israelenses equivaliam a uns 3 dólares americanos.

figurou a decisão dos pais: de uma obrigação parcialmente moral ("ser justo com os professores de meus filhos"), passou a ser uma transação pura ("posso pagar pelo tempo extra"). Não havia como manter ambas simultaneamente. Assim, a punição mitigou o bom comportamento em vez de promovê-lo.

Vício

Enquanto alguns cientistas acreditam que motivadores contingentes e outras recompensas extrínsecas se assemelham a remédios controlados que apresentam efeitos colaterais potenciais perigosos, outros acreditam que são mais como drogas ilícitas, que geram uma dependência maior e mais perniciosa. De acordo com esses acadêmicos, recompensas em dinheiro e troféus reluzentes podem proporcionar um delicioso pico de prazer a princípio, mas a sensação logo se dissipa – e, para mantê-la, o usuário precisará de doses cada vez maiores e mais frequentes.

Para demonstrar esse efeito, o economista russo Anton Suvorov desenvolveu um elaborado modelo econométrico configurado em torno da denominada "teoria agente/principal". Considere o principal como o motivador: o empregador, o professor, o pai. E o agente é o motivado: o empregado, o aluno, a criança. Um principal tenta, essencialmente, induzir o agente a fazer o que o principal quer, enquanto o agente equilibra os próprios interesses com o que o principal está ordenando. Usando uma profusão de equações complicadas que testam uma variedade de cenários na relação entre principal e agente, Suvorov chegou a conclusões que fazem sentido intuitivo para qualquer pai ou mãe que tenha tentado obrigar o filho a tirar o lixo.

Ao oferecer uma recompensa, um principal sinaliza ao agente que a tarefa é indesejável (se a tarefa fosse desejável, o agente não precisaria de um estímulo), mas esse sinal inicial, e a recompensa que o acompanha, força o principal a seguir por um caminho do qual é difícil sair. Se ele oferece uma recompensa pequena demais, o agente não aceitará; mas, se oferece uma recompensa atraente o suficiente para levar o agente a agir na primeira vez, o principal "está fadado a ter que oferecê-la de novo na segunda vez". Não há retorno possível. Pague a seu filho para tirar o lixo e assim você garante que ele nunca mais o fará de graça. E, para piorar, depois que o barato inicial passar, você provavelmente terá que aumentar o valor oferecido para continuar obtendo obediência.

Como explica Suvorov: "Recompensas contingentes são viciantes no sentido de que, uma vez oferecidas, criam no agente a expectativa de recebê-las sempre que se encontrar diante de uma tarefa similar, o que, por sua vez, obriga o principal a oferecê-las repetidamente."[20] E em pouco tempo a recompensa deixa de ser suficiente. Logo parece menos um prêmio e mais um direito adquirido – o que então força o principal a oferecer recompensas maiores para obter o mesmo efeito.

Esse padrão viciante não é mera teoria. O neurocientista Brian Knutson – à época, do National Institute on Alcohol Abuse and Alcoholism – o demonstrou em um experimento, usando a técnica de tomografia cerebral conhecida como imagens por ressonância magnética funcional (fMRI). Ele colocou voluntários saudáveis em um tomógrafo gigantesco para observar como o cérebro deles reagia durante um jogo que envolvia a perspectiva de ganhar ou perder dinheiro. Quando os participantes eram informados de que tinham a chance de ganhar uma recompensa financeira, ocorria uma ativação na parte do cérebro chamada núcleo accumbens. Ou seja, quando os participantes esperavam ganhar uma recompensa (mas não quando esperavam perder), uma onda da substância química dopamina afluía a essa parte do cérebro. Knutson, atualmente na Universidade de Stanford, chegou a resultados similares em estudos subsequentes em que pessoas esperavam recompensas. O que torna essa reação interessante para nossa discussão é que o mesmo processo fisiológico básico – esse neurotransmissor específico afluindo a essa parte específica do cérebro – acontece no vício. O mecanismo das drogas mais viciantes é enviar uma saraivada de dopamina para o núcleo accumbens. A sensação é deliciosa, mas logo se dissipa, e depois exige uma nova dose. Em outras palavras, se observarmos como nosso cérebro reage, a promessa de recompensas monetárias e a oferta de cocaína, nicotina ou anfetaminas parecem perturbadoramente semelhantes.[21] Essa poderia ser uma das explicações para o fato de que pagar às pessoas para pararem de fumar costuma funcionar a curto prazo. Substitui um vício (perigoso) por outro (menos alarmante).

O caráter viciante das recompensas também pode distorcer a tomada de decisões. Knutson descobriu que a ativação no núcleo accumbens parece prognosticar "tanto escolhas arriscadas como erros de busca do risco". Anime as pessoas com a perspectiva de recompensas e, em vez de tomarem decisões melhores (como a Motivação 2.0 espera), elas podem na verdade tomar decisões piores. Nas palavras de Knutson: "Isso pode explicar por que os cassinos cercam os visitantes com sinais de recompensa (por exemplo, comida barata, bebidas alcoólicas grátis, presentes-surpresa, a possibilidade de prêmios): a expectativa de recompensa ativa o núcleo accumbens, o que pode levar a uma maior probabilidade de indivíduos com comportamento avesso ao risco adotarem um comportamento propenso ao risco."[22]

Em suma, embora aquela cenoura pendurada à nossa frente não seja totalmente ruim em todas as circunstâncias, em alguns casos funciona como uma pedra de crack e pode induzir um comportamento semelhante àquele encontrado em torno da mesa de jogo ou da roleta – não exatamente o que esperamos alcançar quando "motivamos" nossos colegas de trabalho.

Pensamento de curto prazo

Vamos voltar ao problema da vela. O desempenho dos participantes incentivados foi pior que o dos outros porque estavam tão concentrados no prêmio que não enxergaram uma solução diferente com sua visão periférica. As recompensas, como vimos, podem limitar a amplitude do nosso pensamento, mas não é só isso. Motivadores extrínsecos – especialmente os contingentes, tangíveis – podem também reduzir a profundidade de nosso pensamento, direcionando o foco da nossa visão para o que está imediatamente à nossa frente e nos fazendo perder de vista o que está distante.

Muitas vezes, um foco estrito faz sentido. Se o seu prédio está pegando fogo, você precisa achar uma saída imediatamente em vez de refletir sobre a reformulação do zoneamento urbano. Em circunstâncias menos dramáticas, no entanto, o foco fixo em uma recompensa imediata pode prejudicar o desempenho com o passar do tempo. De fato, o que nossos exemplos anteriores – ações antiéticas e comportamento vicioso – têm em comum é, talvez mais que qualquer outro fator, o fato de serem ações inteiramente de curto prazo. Viciados querem uma dose a despeito do prejuízo eventual; trapaceiros querem o ganho rápido a despeito das consequências.

Mesmo quando o comportamento não degenera em atalhos ou vício, a sedução imediatista das recompensas pode ser prejudicial a longo prazo. Vejamos as empresas de capital aberto. Muitas delas existem há décadas e esperam continuar existindo por muitas outras mais, porém grande parte das ações diárias de seus gestores de alto e médio escalão visa obstinadamente ao desempenho da empresa nos próximos três meses. Os lucros trimestrais são uma obsessão. Os executivos dedicam recursos substanciais a assegurar que os lucros sejam alcançados. E gastam tempo e intelecto consideráveis orientando analistas de ações para que o mercado saiba o que esperar e assim reaja favoravelmente. Esse foco ultraestreito em uma parcela muita curta do desempenho corporativo é compreensível; é uma reação racional às bolsas de valores, que recompensam ou punem pequenas oscilações nesses números, o que, por sua vez, afeta a remuneração dos executivos.

Mas as empresas pagam um preço alto por não ampliarem o alcance de seu olhar. Diversos pesquisadores descobriram que empresas que passam a maior parte do tempo divulgando perspectivas para o lucro trimestral obtêm taxas de crescimento de longo prazo bem menores do que aquelas que as divulgam com menos frequência (um motivo para isso: as empresas obcecadas com o lucro geralmente investem menos em pesquisa e desenvolvimento).[23] Elas alcançam suas metas de curto prazo, mas ameaçam a própria saúde daqui a dois ou três anos. Nas palavras dos acadêmicos que alertaram para os problemas das metas: "A própria existência de metas pode levar os funcionários a se concentrarem, de forma míope, nos ganhos de curto prazo e a perderem de vista os efeitos potencialmente devastadores de longo prazo sobre a organização."[24]

Talvez em nenhum lugar isso seja mais claro do que na calamidade que dominou a economia mundial nos anos de 2008 e 2009. Todo protagonista do sistema estava interessado apenas nas recompensas imediatas: o comprador queria uma casa, o corretor de hipotecas queria uma comissão, o investidor de Wall Street queria novos papéis para vender, o político queria uma economia pujante durante a reeleição – e todos ignoraram os efeitos de longo prazo de suas ações sobre si mesmos e sobre os outros.

Quando a música parou, o sistema inteiro quase desabou. Esta é a natureza das bolhas econômicas: o que parece exuberância irracional é, em última análise, um caso grave de miopia induzida por motivação extrínseca.

Em contrapartida, os elementos da motivação genuína que exploraremos adiante desafiam, pela própria natureza, a visão de curto prazo. Tomemos a excelência. O objetivo de longo prazo é algo inerente, pois a perfeição é inalcançável. Mesmo, digamos, Roger Federer nunca terá pleno domínio do tênis. Mas introduzir uma recompensa do tipo "desde que" para impulsionar a excelência geralmente é um tiro no pé. Por isso crianças que recebem dinheiro por solucionar problemas geralmente escolhem os mais fáceis, e assim aprendem menos.[25] O prêmio de curto prazo sufoca o aprendizado de longo prazo.

Em ambientes onde as recompensas extrínsecas são mais significativas, muitas pessoas trabalham apenas até o ponto que desencadeia a recompensa – e nada mais. Dessa maneira, se alunos são premiados por lerem três livros, muitos não pegarão um quarto livro, muito menos iniciarão uma vida de leituras – assim como executivos que atingem suas metas trimestrais muitas vezes não incentivarão sequer um tostão a mais de lucro, muito menos se preocuparão com a saúde da empresa no futuro. Da mesma forma, vários estudos mostram que pagar às pessoas para se exercitarem, deixarem de fumar ou tomarem seus remédios produz ótimos resultados no princípio – mas o comportamento saudável desaparece uma vez retirados os incentivos. Entretanto, quando recompensas contingentes não estão envolvidas, ou quando incentivos são usados habilmente, o desempenho aumenta e o aprendizado se aprofunda. Excelência e miopia são incompatíveis. Realizações significativas dependem de erguermos o olhar e avançarmos rumo ao horizonte.

RECOMPENSAS E PUNIÇÕES: *As sete falhas mortais*

1. Podem extinguir a motivação intrínseca.
2. Podem minar o desempenho.
3. Podem sufocar a criatividade.
4. Podem reduzir o bom comportamento.
5. Podem encorajar desonestidade, atalhos e comportamento antiético.
6. Podem se tornar viciantes.
7. Podem fomentar o pensamento de curto prazo.

CAPÍTULO 2A

... e as circunstâncias especiais em que funcionam

Recompensas e punições não são de todo ruins. Se fossem, a Motivação 2.0 nunca teria reinado por tanto tempo nem levado a tantas realizações. Embora um sistema operacional centrado em torno dessa estratégia tenha se tornado obsoleto e precise urgentemente de uma atualização, isso não significa que devamos descartá-lo por completo. Isso iria contra a ciência, até. Pois os estudiosos da motivação humana revelaram não apenas as muitas falhas da abordagem tradicional, mas também o grupo reduzido de circunstâncias em que o método "cenoura ou chicote" dá conta do recado.

O primordial é, obviamente, que a remuneração base – salário, benefícios e assim por diante – seja adequada e justa. Sem uma base saudável, será difícil e talvez impossível obter qualquer tipo de motivação.

Uma vez assegurado isso, existem circunstâncias em que é legítimo recorrer a motivadores extrínsecos. Para entender quais são essas circunstâncias, retornemos ao problema da vela. Em seu estudo, Sam Glucksberg descobriu que os participantes aos quais se oferecia um prêmio em dinheiro levavam mais tempo para solucionar o problema do que aqueles trabalhando em um ambiente sem recompensa. O motivo, como você deve lembrar, é que a perspectiva de um prêmio estreitava o foco dos participantes e limitava sua capacidade de enxergar além do óbvio e chegar a uma solução inventiva.

No mesmo experimento, Glucksberg apresentou a outro grupo de participantes uma pequena variação do problema. De novo, informou a metade deles que estava cronometrando seu desempenho para coletar dados; e, à outra metade, que haveria uma recompensa em dinheiro aos que alcançassem os tempos mais rápidos. Mas ele alterou um pouco as coisas: em vez de dar aos participantes uma caixa com as tachas, deixou-as sobre a mesa como mostrado a seguir.

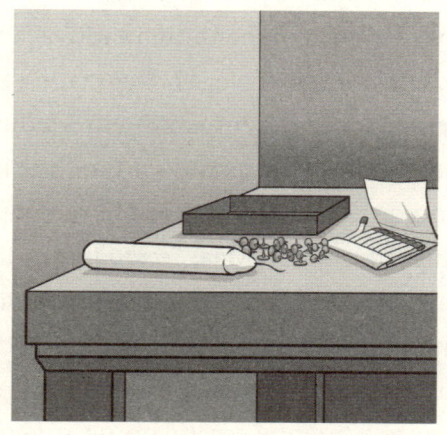

O problema da vela apresentado de maneira diferente.

Adivinha o que aconteceu?

Dessa vez, os participantes em busca da recompensa solucionaram o problema mais rápido que os outros. Por quê? Ao deixar a caixa exposta vazia, Glucksberg praticamente revelou a solução do problema. Assim, ele transformou uma tarefa desafiadora (envolvendo o lado direito do cérebro) em uma tarefa rotineira (envolvendo o lado esquerdo). Como bastava cumprir um percurso óbvio, o incentivo da cenoura os aguardando na linha de chegada os encorajou a galopar mais rápido.

O experimento de Glucksberg fornece a primeira pergunta que você deve fazer ao contemplar a possibilidade de usar motivadores extrínsecos: A tarefa a ser cumprida é rotineira? Ou seja, sua realização consiste em seguir determinadas regras para chegar a um fim específico?

Para tarefas rotineiras, que não são muito interessantes e não exigem muito pensamento criativo, recompensas podem proporcionar uma pequena dose de incentivo motivacional sem os efeitos colaterais. De certa forma, trata-se de puro bom senso. Como explicam Edward Deci, Richard Ryan e Richard Koestner, "recompensas não solapam a motivação intrínseca das pessoas por tarefas banais porque existe pouca ou nenhuma motivação intrínseca a ser solapada".[1] Dan Ariely e seus colegas chegaram a conclusão semelhante à da pesquisa sobre desempenho em Madurai ao testar um grupo de estudantes do MIT: quando a tarefa exigia "habilidades cognitivas mesmo que rudimentares", uma recompensa maior "levou a um desempenho pior". Mas, "enquanto a tarefa envolvesse apenas habilidade mecânica, os prêmios funcionaram como seria de esperar: quanto maior o pagamento, melhor o desempenho".[2]

Isso é de extrema importância. Embora atualmente as economias avançadas girem menos em torno de funções algorítmicas, aquelas baseadas em regras, parte de nossas ações diárias – especialmente no trabalho – continua não sendo tão interessante. Temos relatórios a preencher, e-mails tediosos para responder e todo tipo de trabalho maçante que dificilmente empolga. Além disso, para algumas pessoas, grande parte do que fazem o dia inteiro consiste nessas tarefas rotineiras, não muito cativantes. Nessas situações, é melhor tentar pôr em ação o lado positivo do Efeito Sawyer, tentando transformar o trabalho em diversão – aumentar a variedade da tarefa, para que pareça mais um jogo, ou usá-la para ajudar a aprender outras habilidades. Nem sempre isso é possível, infelizmente. Daí que, às vezes, mesmo recompensas contingentes são uma opção válida.

Vamos pensar como seria isso na prática. Imagine que você é gestor em uma organização sem fins lucrativos. Sua equipe de design criou um cartaz espetacular para promover o próximo grande evento do seu grupo e agora você precisa enviá-lo para os 20 mil voluntários da sua organização. Como os custos de terceirizar a tarefa para uma empresa de remessa profissional são altos demais para seu orçamento, você decide fazer o trabalho internamente. O problema é que os cartazes chegaram da gráfica muito mais tarde do que você esperava e precisam ser postados este fim de semana.

Qual a melhor forma de alistar sua equipe de dez pessoas, e talvez uns poucos outros, para uma enorme sessão de remessa de cartazes em pleno fim de semana? Essa tarefa é a própria definição de "rotineira": os participantes precisam enrolar os cartazes, enfiá-los nos tubos, fechar os tubos e colar a etiqueta de endereço e os selos. Quatro passos – nenhum deles muito interessante.

Uma opção seria a coerção. Se você é o chefe, poderia forçar as pessoas a passar o sábado e o domingo nesse projeto tedioso. Elas podem obedecer, mas o dano aos ânimos e ao comprometimento de longo prazo seria substancial. Outra opção seria pedir voluntários, mas convenhamos: as pessoas costumam ter coisas bem mais interessantes para fazer no fim de semana.

Nesse caso, uma recompensa contingente pode se mostrar eficaz. Por exemplo, você poderia prometer uma grande festa no escritório se todos se dedicarem ao projeto; poderia oferecer um vale-compras para todos que participarem; ou poderia ir mais longe e pagar às pessoas uma pequena soma por cada cartaz despachado – na esperança de que o pagamento por peça incremente a produtividade.

Embora tais recompensas tangíveis e contingentes possam muitas vezes solapar a motivação intrínseca e a criatividade, essas desvantagens importam menos nesse caso. A tarefa não inspira nenhuma paixão intensa nem exige muito raciocínio. As "cenouras", nesse caso, não serão prejudiciais; pelo contrário, poderão ajudar. E você aumentará suas chances de sucesso se, somado às recompensas, fizer estas três coisas importantes:

- **Justifique a necessidade da tarefa.** Uma tarefa que não seja intrinsecamente interessante pode se tornar mais significativa e, portanto, mais envolvente se fizer parte de um propósito maior. Explique por que esse cartaz é tão importante e por que seu envio é crucial à missão de sua organização.
- **Reconheça que a tarefa é tediosa.** É um ato de empatia, sem dúvida. E ajudará a tornar claro para as pessoas por que esse é um raro caso em que recompensas contingentes são utilizadas na sua organização.
- **Permita que as pessoas realizem a tarefa à sua maneira.** Pense em autonomia, não em controle. Defina o resultado necessário, mas, em vez de especificar precisamente como alcançá-lo (como cada cartaz precisa ser enrolado e como cada etiqueta precisa ser afixada), dê a seus funcionários a liberdade quanto ao modo de realizar a tarefa.

Essa é a estratégia para tarefas rotineiras. Como ficam outros tipos de empreendimento?

Para trabalhos que requerem mais que subir, degrau por degrau, uma escada de instruções, recompensas são mais perigosas. A melhor forma de evitar as sete falhas mortais dos motivadores extrínsecos é evitá-los por completo ou minimizá-los significativamente, substituindo-os por ênfase nos elementos da motivação mais profunda – autonomia, excelência e propósito – que exploraremos adiante neste livro. No local de trabalho, porém, uma adesão rígida a essa abordagem esbarra com um fato da vida: mesmo pessoas que realizam trabalhos descolados e criativos ainda querem ser remuneradas. E Teresa Amabile lançou certa luz sobre como usar as recompensas de uma forma que leve em conta as realidades da vida mas reduza os custos ocultos dos motivadores extrínsecos.

Voltemos ao estudo em que Amabile e dois outros pesquisadores compararam a qualidade de pinturas encomendadas e não encomendadas de um grupo de artistas. Um painel de especialistas, sem saber o objeto da pesquisa, sistematicamente classificou as obras de arte não encomendadas como mais criativas. Um dos motivos para isso é que diversos artistas disseram que as encomendas eram "limitadoras" – que se viam trabalhando para uma meta que não endossavam, de uma maneira que não estava sob seu controle. No entanto, no mesmo estudo Amabile também descobriu que, quando os artistas consideravam suas encomendas "habilitadoras" – ou seja, "a encomenda habilitava o artista a fazer algo interessante ou empolgante"[3] –, a avaliação da criatividade do que produziram voltava a subir. O mesmo ocorreu com encomendas que, na sensação dos artistas, proporcionavam informações e feedback úteis sobre sua capacidade.

Essa é uma descoberta crucial. A ciência mostra que é possível – embora complicado – incorporar recompensas a ambientes não rotineiros, mais criativos, sem causar uma série de danos.

Assim, vamos supor que estamos de volta à sua organização sem fins lucrativos nove meses depois. O envio foi feito perfeitamente. O cartaz foi um sucesso. O evento foi uma sensação. Você está planejando outro evento neste mesmo ano e já definiu data e local. Agora você precisa de um cartaz inspirador para cativar as imaginações e atrair um grande público.

O que deve fazer?

Eis o que você não deve fazer: oferecer uma recompensa contingente à equipe de design. Não entre na sala e anuncie: "Se vocês bolarem um cartaz que chame atenção e atraia um público maior que o do ano passado, ganharão um bônus de 10%." Apesar de comum em organizações no mundo inteiro, essa abordagem motivacional é a receita certa para um resultado pior. Criar um cartaz não é trabalho de rotina. Exige pensamento conceitual, revolucionário, artístico. E, como aprendemos, recompensas contingentes são ideais para esmagar esse tipo de pensamento.

O melhor a fazer é já ter criado as condições de um ambiente genuinamente motivador. As recompensas de base precisam ser suficientes, ou seja, a remuneração base da equipe precisa ser adequada e justa – principalmente se comparada a cargos semelhantes em organizações semelhantes. Sua organização precisa ser um local agradável de se trabalhar. E as pessoas da sua equipe precisam ter autonomia, precisam ter amplas oportunidades de buscar a excelência, e suas tarefas diárias precisam se relacionar com um propósito maior. Se esses elementos existirem, a melhor estratégia é fornecer uma sensação de premência e importância – e, depois, sair do caminho e deixar que o talento opere sua mágica.

Mas você ainda pode conseguir aumentar um pouco o desempenho – mais para tarefas futuras do que para essa – se fizer uso cuidadoso de recompensas. Mas seja cauteloso: seus esforços irão por água abaixo se as recompensas oferecidas não satisfizerem um requisito essencial. E você estará numa base motivacional mais firme se seguir dois princípios adicionais.

O requisito essencial: Toda recompensa extrínseca deve ser inesperada e oferecida somente depois de completada a tarefa.

Exibir um prêmio no princípio de um projeto – e oferecê-lo como uma contingência – fará as pessoas se concentrarem apenas na recompensa em vez de no problema nas mãos. Apresentar as recompensas após realizado o serviço é menos arriscado.

Em outras palavras, nos casos em que recompensas do tipo "desde que" constituem um erro, opte por recompensas do tipo "agora que" – como em: "Agora que vocês terminaram o cartaz e ele deu tão bons resultados, gostaria de comemorar convidando-os para um almoço."

Como Deci e seus colegas explicam, "se recompensas tangíveis são oferecidas inesperadamente após as pessoas terminarem uma tarefa, há menos chances de serem tomadas como o motivo para realizar a tarefa, diminuindo assim as chances de afetarem a motivação intrínseca".[4]

De forma semelhante, Amabile constatou em alguns estudos "que os níveis mais altos de criatividade foram apresentados por voluntários que recebiam uma recompensa como um tipo de bônus".[5] Assim, quando o cartaz se revelar um sucesso, você pode comprar para a equipe de design algumas cervejas ou mesmo oferecer um bônus em dinheiro sem que isso ameace suprimir sua criatividade. A equipe não esperava nada extra e obtê-lo não dependeu de um resultado específico; você está simplesmente demonstrando reconhecimento pelo trabalho espetacular realizado. Mas tenha em mente uma advertência importantíssima: quando repetidos, prêmios do tipo "agora que" podem rapidamente se tornar do tipo "desde que", isto é, algo esperado, implicitamente exigido – o que pode acabar fazendo despencar o desempenho.

A essa altura, ao limitar as recompensas pelo trabalho criativo e não rotineiro ao tipo inesperado, "agora que", você está em águas menos perigosas. Mas se sairá ainda melhor se seguir duas outras diretrizes.

Primeira: considere as recompensas intangíveis. Elogios e feedback positivo são bem menos corrosivos do que dinheiro e troféus. Inclusive, nos experimentos originais de Deci e em suas análises subsequentes em outros estudos, ele descobriu que o "feedback positivo pode ter um efeito melhorador sobre a motivação intrínseca".[6] Assim, se a sua equipe de design produzir um cartaz sensacional, você pode apenas ir à sala deles e dizer: "Uau, vocês fizeram um ótimo serviço com esse cartaz! Vai ter um impacto enorme em atrair as pessoas para o evento. Muito obrigado." Pode parecer pequeno e simples demais, mas o efeito potencial é enorme.

Segunda: forneça informações úteis. Amabile descobriu que, embora controlar os motivadores extrínsecos possa esmagar a criatividade, "motivadores informativos ou habilitadores podem ser propícios" nesses casos.[7] No local de trabalho, as pessoas estão ávidas por saber como estão se saindo, mas apenas se a informação não for uma tentativa tácita de manipulação do comportamento. Assim, não diga à equipe de design: "Aquele cartaz estava perfeito. Vocês fizeram exatamente do jeito que pedi." Em vez disso, forneça às pessoas in-

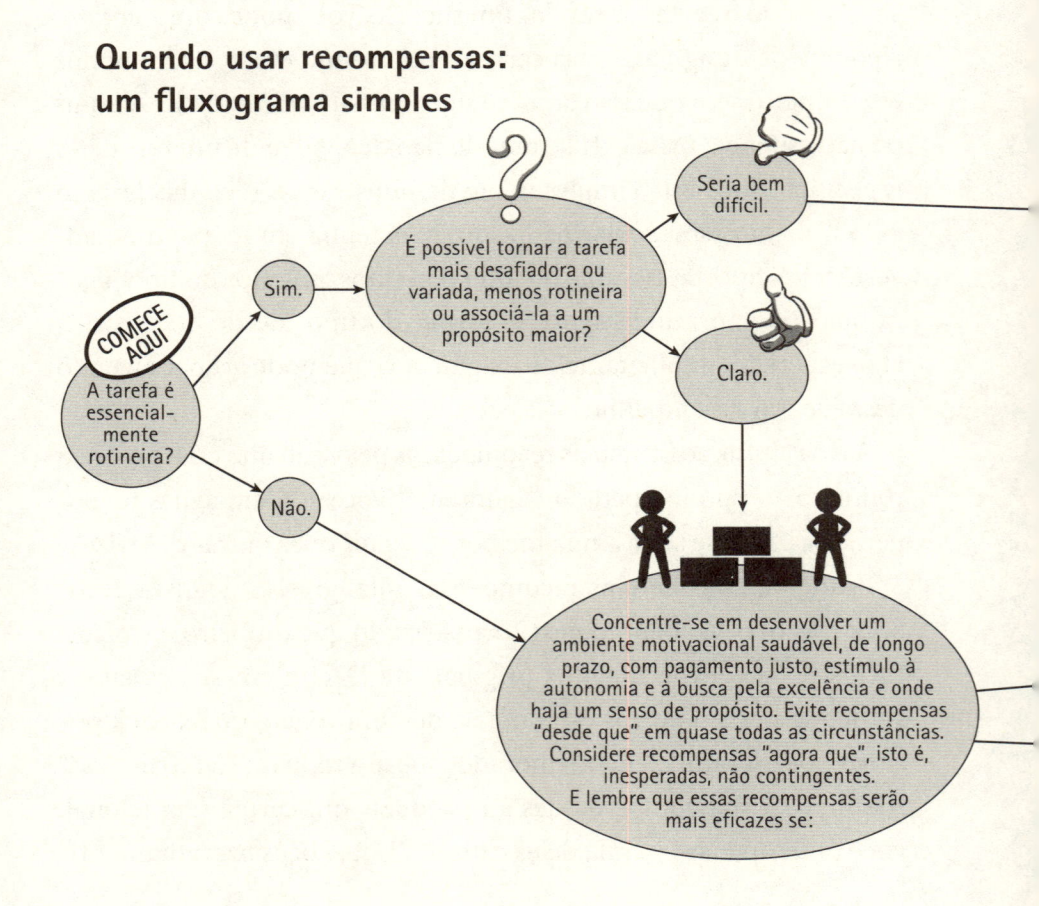

Quando usar recompensas: um fluxograma simples

COMECE AQUI — A tarefa é essencialmente rotineira?

- **Sim.** → É possível tornar a tarefa mais desafiadora ou variada, menos rotineira ou associá-la a um propósito maior?
  - Seria bem difícil.
  - Claro.
- **Não.** → Concentre-se em desenvolver um ambiente motivacional saudável, de longo prazo, com pagamento justo, estímulo à autonomia e à busca pela excelência e onde haja um senso de propósito. Evite recompensas "desde que" em quase todas as circunstâncias. Considere recompensas "agora que", isto é, inesperadas, não contingentes. E lembre que essas recompensas serão mais eficazes se:

formações relevantes sobre o trabalho delas. Quanto mais detalhes o feedback contiver ("ótimo emprego das cores") – e quanto mais o elogio se dirigir ao esforço e à estratégia empregados em vez de avaliar se um resultado específico foi obtido –, maior será sua eficácia.

Em resumo, para tarefas criativas, heurísticas, que envolvem o lado direito do cérebro, você está em terreno instável oferecendo recompensas do tipo "desde que". O melhor a fazer é usar recompensas do tipo "agora que". E melhor ainda será se suas recompensas "agora que" forem elogios, feedback e informações úteis.

(Para uma representação visual desta abordagem, veja o fluxograma abaixo.)

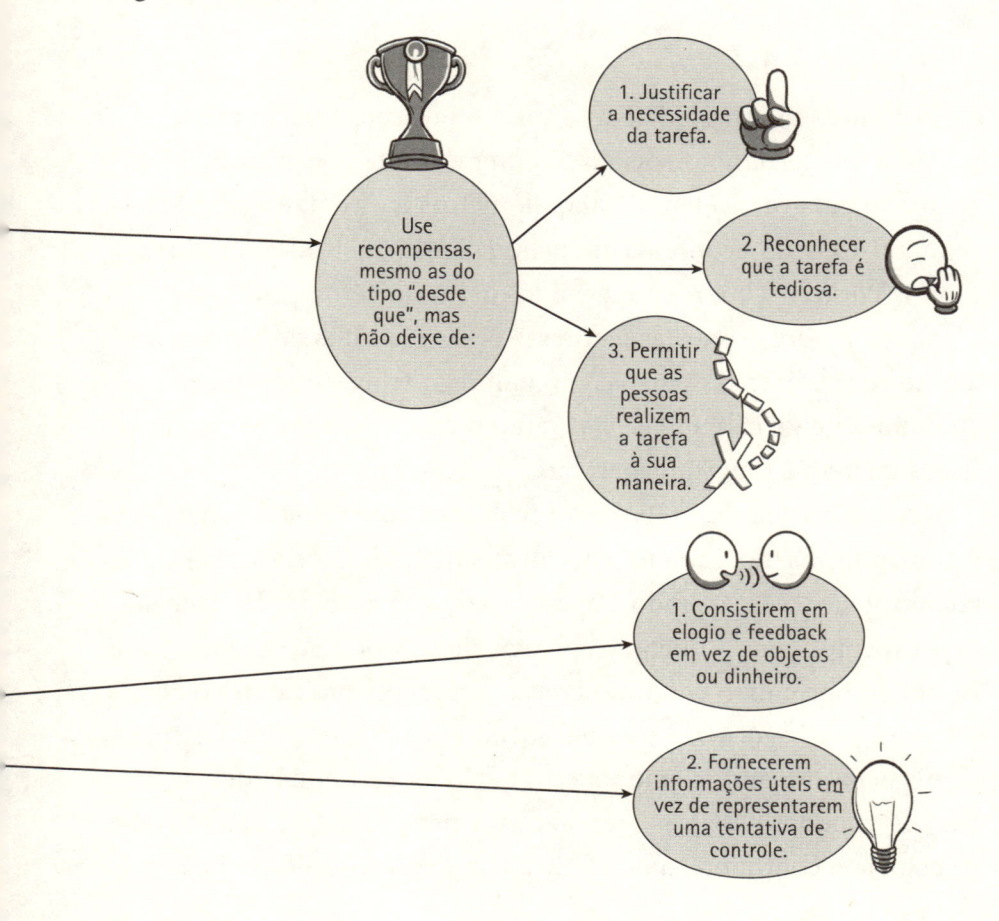

Use recompensas, mesmo as do tipo "desde que", mas não deixe de:

1. Justificar a necessidade da tarefa.

2. Reconhecer que a tarefa é tediosa.

3. Permitir que as pessoas realizem a tarefa à sua maneira.

1. Consistirem em elogio e feedback em vez de objetos ou dinheiro.

2. Fornecerem informações úteis em vez de representarem uma tentativa de controle.

CAPÍTULO 3

Tipo I e Tipo X

Rochester, no estado de Nova York, é um epicentro improvável para um terremoto social. As empresas que construíram essa cidade impassiva, a apenas 100 quilômetros da fronteira canadense, eram titãs da economia industrial. Eastman Kodak produzia filmes; Western Union entregava telegramas; Xerox produzia copiadoras. E pilotavam suas empresas pelos preceitos de Motivação 2.0: se você oferece às pessoas um emprego estável e recompensas cuidadosamente calibradas, elas farão o que os executivos e acionistas querem e todos prosperarão.

Mas, na década de 1970, uma revolução motivacional começou a tomar forma no campus da Universidade de Rochester. Tudo começou em 1971, quando Edward Deci, que acabara de fazer os experimentos com o quebra-cabeça Soma, chegou ao campus para um compromisso conjunto com o departamento de psicologia e a escola de negócios, e se intensificou em 1973, quando a escola de negócios o mandou embora sem qualquer cerimônia, devido às suas descobertas heréticas sobre recompensas, e o departamento de psicologia o contratou como efetivo. Um impulso maior se deu em

1975, quando Deci publicou um livro chamado *Intrinsic Motivation* (Motivação intrínseca). E aquela revolução foi lançada para valer em 1977, quando um estudante chamado Richard Ryan apareceu para fazer pós-graduação.

Ryan, formado em filosofia, havia acabado de escapar do serviço militar e, acalentando certa culpa do sobrevivente, vinha trabalhando com veteranos da Guerra do Vietnã vítimas de transtorno de estresse pós-traumático. Viera à Universidade de Rochester para aprender a se tornar um clínico melhor. Certo dia, durante um seminário, um professor abordou o tema da motivação intrínseca – e a condenou com ferocidade, chegando a dar murros na mesa. "Percebi que, se havia tanta resistência assim, aquilo devia ser algo interessante", comentou Ryan. Ele apanhou um exemplar do livro de Deci, achou-o irresistível e convidou o autor para um almoço. Assim começou uma notável colaboração de pesquisa que continua até os dias de hoje.

Quando os conheci, não faz muito tempo, no maciço Meliora Hall da Universidade de Rochester, percebi com nitidez o contraste e a semelhança entre os dois. Deci é alto e magro, muito branco e com cabelos ralos e finos. Fala com uma voz tranquila e reconfortante que me lembrou o falecido apresentador infantil americano Fred Rogers. Já Ryan, com cabelos lisos e brancos repartidos no meio, é mais corado e de personalidade mais intensa. Ele impõe seu ponto de vista como um litigante hábil, enquanto Deci espera pacientemente até você chegar ao ponto de vista dele – para então concordar com você e elogiar sua perspicácia. Deci é a estação de música clássica na rádio FM; Ryan é mais uma TV a cabo. No entanto, eles conversam entre si numa taquigrafia acadêmica enigmática, suas ideias em perfeita sincronia. Essa combinação tem sido tão poderosa que os incluiu entre os mais influentes cientistas do comportamento de sua geração.

Juntos, Deci e Ryan forjaram o que denominam "teoria da autodeterminação" (SDT, na sigla em inglês).

Muitas teorias do comportamento giram em torno de uma tendência humana específica: somos reagentes ávidos a reforços positivos e negativos, ou calculistas rápidos de nosso interesse, ou pesados fardos de conflitos psicossexuais. A SDT, em contraste, começa com uma ideia das necessidades humanas universais. Argumenta que temos três necessidades psicológicas inatas: competência, autonomia e conexão. Quando essas necessidades são satisfeitas, ficamos motivados, produtivos e felizes. Quando são contrariadas, motivação, produtividade e felicidade despencam.[1] "Se existe algo [fundamental] sobre nossa natureza, é a capacidade de interesse. Algumas coisas a estimulam. Outras a enfraquecem", explicou Ryan durante uma de nossas conversas. Em outras palavras, todos temos aquele terceiro impulso. Faz parte do que significa ser humano. Mas esse aspecto de nossa humanidade, para emergir, depende de que as condições à nossa volta sejam propícias.

E os mecanismos principais da Motivação 2.0 são mais sufocantes do que propícios. "Isso é algo crucial em administração", diz Ryan. Quando as pessoas não estão produzindo, as empresas costumam recorrer a recompensas ou punições. "O que deixam de fazer é o trabalho árduo de diagnosticar o problema. Estão tentando atropelar o problema com uma cenoura ou um chicote", explica ele. O que não significa que a SDT inequivocamente se oponha às recompensas. "Claro que elas são necessárias em locais de trabalho e outros ambientes", diz Deci, "mas quanto menos significativas, melhor. Quando são usadas para motivar, as recompensas se tornam mais desmotivadoras." Deci e Ryan afirmam que deveríamos, em vez disso, nos concentrar em criar ambientes para nossas necessidades psicológicas inatas florescerem.

Graças a seus conhecimentos e suas orientações, Deci e Ryan criaram nos últimos trinta anos uma rede de dezenas de estudiosos da SDT que realizam pesquisas nos Estados Unidos, no Canadá, na

Europa Ocidental, em Israel e Cingapura. Esses cientistas exploraram a autodeterminação e a motivação intrínseca em experimentos de laboratório que englobam quase todos os domínios: negócios, educação, medicina, esportes, exercícios físicos, produtividade pessoal, ambientalismo, relacionamentos e saúde física e mental. Eles produziram centenas de artigos, a maioria apontando para a mesma conclusão. Os seres humanos possuem um impulso interno inato para serem autônomos, autodeterminados e conectados uns com os outros. Quando esse impulso é acionado, as pessoas conseguem mais e levam uma vida mais rica.

A SDT é uma parte importante de um amplo turbilhão de pensamentos novos sobre a condição humana. Essa constelação inclui, talvez mais proeminentemente, o movimento da psicologia positiva, que reorientou o estudo da ciência psicológica, afastando-o do foco anterior na doença e disfunção e aproximando-o do bem-estar e do bom funcionamento. Sob a liderança de Martin Seligman, da Universidade da Pensilvânia, a psicologia positiva vem atraindo legiões de novos estudiosos e deixando uma marca profunda em como cientistas, economistas, terapeutas e pessoas comuns pensam sobre o comportamento humano. Um dos nomes mais influentes da psicologia positiva é o já mencionado Mihaly Csikszentmihalyi. O primeiro livro de Csikszentmihalyi sobre o "fluxo" e o primeiro livro de Seligman sobre suas teorias (segundo as quais a impotência era um comportamento aprendido, não inato) surgiram no mesmo ano do livro de Deci sobre a motivação intrínseca. Claramente, algo grande pairava no ar em 1975. Só que levamos uma geração para nos conciliarmos com aquilo.

O amplo sortimento de pensadores novos inclui Carol Dweck, da Universidade de Stanford, e Amabile, de Harvard. Inclui também uns poucos economistas – os mais proeminentes sendo Roland Bénabou, da Universidade de Princeton, e Bruno Frey, da Universidade de Zurique –, que estão aplicando alguns desses conceitos na apelidada "ciência sombria", além de alguns acadêmicos que, embora não estudem a motivação em si – em particular, Howard Gardner, da Universidade Harvard, e Robert Sternberg, da Universidade Tufts –, mudaram nossa visão da inteligência e da criatividade e ofereceram uma visão mais positiva do potencial humano.

Esses estudiosos vêm construindo – não juntos, não intencionalmente e talvez até sem saber que vêm fazendo isso – os pilares de um novo sistema operacional, mais eficaz. Parece que o mundo enfim despertou para seu trabalho.

O PODER DO ALFABETO

Palavras importam, é claro, mas letras também. Um exemplo: Meyer Friedman. Você provavelmente nunca ouviu falar dele, mas é quase certo que conheça seu legado. Friedman, que morreu em 2001 na madura idade de 90 anos, foi um cardiologista que durante décadas manteve um consultório movimentado em São Francisco. No final da década de 1950, ele e o também médico Ray Rosenman começaram a observar semelhanças em seus pacientes propensos a doenças cardíacas. Não era apenas o que aqueles pacientes comiam ou quais genes herdavam que afetava sua suscetibilidade, mas também seu estilo de vida. Friedman notou que aqueles pacientes demonstravam:

> ... um determinado conjunto de traços de personalidade, entre eles impulso competitivo excessivo, agressividade, impaciência e uma sensação opressora de urgência. Indivíduos que exibem esse padrão parecem travar uma batalha contínua, incessante e às vezes infrutífera – consigo, com os outros, com as circunstâncias, com o tempo, às vezes com a própria vida.[2]

Aquelas pessoas eram bem mais propensas a desenvolver doenças cardíacas do que outros pacientes – mesmo aqueles de características físicas, hábitos alimentares, regularidade na prática de exercícios e histórico familiar semelhantes. Buscando um meio conveniente e memorável de explicar aquela constatação à comunidade médica e ao mundo em geral, Friedman e Rosenman acharam inspiração no alfabeto. Intitularam aquele padrão de comportamento "Tipo A".

O comportamento Tipo A contrastava fortemente com – adivinhe – o comportamento Tipo B. Ao contrário daqueles que sofriam da "doença da pressa" (que adoravam uma buzina e estavam sempre tamborilando os dedos), as pessoas com comportamento Tipo B raramente se estressavam ou ficavam hostis pelas exigências da vida. Em suas pesquisas, Friedman e Rosenman descobriram que pessoas Tipo B eram tão inteligentes e muitas vezes tão ambiciosas quanto as de Tipo A, mas usavam sua ambição de modo diferente. Escrevendo sobre a pessoa Tipo B (e usando a linguagem centrada no sexo masculino comum na época), o cardiologista explicou: "Ele pode também ter uma grande quantidade de 'impulso', mas sua natureza é tal que parece estabilizá-lo, dar confiança e segurança, em vez de aguilhoar, irritar e enfurecer, como no homem Tipo A."[3] Uma medida crucial para reduzir as mortes por doença cardíaca e melhorar a saúde pública, portanto, era ajudar o Tipo A a se tornar um pouco mais parecido com o Tipo B.

Quase cinquenta anos depois, essa nomenclatura permanece. As duas letras nos ajudam a entender uma rede complexa de comportamentos – e nos orientam rumo a formas melhores e mais eficazes de viver.

Mais ou menos na mesma época em que Friedman e Rosenman faziam sua descoberta, outro americano vinha expandindo fronteiras distintas. Douglas McGregor era um professor de administração do MIT que trouxe para o cargo uma combinação interessante de experiências. Ele obtivera em Harvard um Ph.D. em psicologia (em vez de economia ou engenharia) e, à diferença da maioria de seus colegas, havia administrado, na prática, uma instituição. De 1948 a 1954, fora diretor da Antioch College.

Aproveitando sua compreensão da psique humana, bem como sua experiência como líder, McGregor começou a repensar as convenções da administração moderna. Ele achava que o problema da liderança corporativa estava menos na execução do que nas premissas. Começando com uma palestra em 1957 e, mais tarde, em um livro revolucionário chamado *Gerenciando o lado humano da empresa* (1960), McGregor argumentou que os dirigentes corporativos vinham agindo com base em falsos pressupostos sobre o comportamento humano.

A maioria dos líderes acreditava que as pessoas fundamentalmente não gostavam do trabalho e o evitariam caso pudessem. Esses subordinados impessoais temiam assumir responsabilidades, ansiavam por segurança e precisavam fortemente de orientação. Como resultado, "a maior parte das pessoas precisa ser coagida, controlada, dirigida e ameaçada de punição para que faça o esforço adequado para atingir os objetivos da organização". Mas McGregor disse que havia uma visão alternativa – uma avaliação mais precisa da condição humana e um ponto de partida mais eficaz para a gestão das empresas. Essa nova perspectiva sustentava que se interessar pelo trabalho é "tão natural como brincar ou descansar", que a criatividade e a engenhosidade estavam amplamente distribuídas na população e que, sob condições apropriadas, as pessoas aceitarão, e até buscarão, responsabilidades.[4]

Para falar sobre essas perspectivas contrastantes, McGregor explorou a outra ponta do alfabeto. Ele chamou o primeiro ponto de vista de Teoria X e o segundo, de Teoria Y. Se seu ponto de partida fosse a Teoria X, explicou ele, suas técnicas gerenciais produziriam, inevitavelmente, resultados limitados, ou mesmo dariam totalmente errado. Se você acreditasse na "mediocridade das massas", em suas palavras, a mediocridade se tornaria o teto do que você alcançaria. Mas, se seu ponto de partida fosse a Teoria Y, as possibilidades eram vastas – não apenas para o potencial do indivíduo, mas para o resultado financeiro da empresa também. A forma de fazer as organizações empresariais funcionarem melhor, portanto, era mudar o pensamento gerencial da Teoria X para a Teoria Y.

Mais uma vez, a nomenclatura pegou – e a abordagem de McGregor se tornou uma base da educação gerencial.* Uma foto pode valer mil palavras – mas, às vezes, nem uma nem outra é tão potente como duas simples letras.

Assim, içando Meyer Friedman aos ombros de Douglas McGregor, gostaria de apresentar minha forma alfabética de pensar na motivação humana.

TIPO I E TIPO X

O sistema operacional Motivação 2.0 dependia do que denomino comportamento Tipo X e o fomentava. O comportamento Tipo X é incitado mais por desejos extrínsecos do que intrínsecos. Preocupa-se menos com a satisfação inerente a uma atividade e mais com as recompensas externas às quais aquela atividade conduz. O sistema operacional Motivação 3.0 – a atualização necessária para enfrentar as novas realidades de como pensamos, organizamos e realizamos nossas ações – depende do que eu chamo de compor-

---

* Infelizmente, seu impacto foi maior nas salas de aula do que nas salas dos diretores. Muitas empresas de fato realinharam suas práticas, aproximando-as da Teoria Y, mas mesmo hoje, quando conversamos com gestores, muitos deles expressam (em particular) os mesmos pressupostos da Teoria X que McGregor enunciou em 1960.

tamento Tipo I. Esse comportamento é incitado mais pelos desejos intrínsecos do que pelos extrínsecos. Preocupa-se menos com as recompensas externas às quais a atividade leva e mais com a satisfação inerente à própria atividade. No centro do comportamento tipo X está o segundo impulso. No centro do comportamento Tipo I está o terceiro impulso.

Se quisermos fortalecer nossas organizações, ir além de nossa década de insucesso e atacar a vaga sensação de que algo deu errado em nossa empresa, em nossa vida e em nosso mundo, precisamos mudar do Tipo X para o Tipo I (uso essas duas letras mais em referência a "extrínseco" e "intrínseco", mas também como homenagem a Douglas McGregor).

Na verdade, reduzir o comportamento humano a duas categorias sacrifica certa dose de nuance. E ninguém exibe puramente o comportamento Tipo X ou Tipo I em todos os minutos de todos os dias da vida, sem exceção. Mas é fato que temos certas inclinações, geralmente bem claras.

Você provavelmente sabe o que quero dizer. Pense em si mesmo. O que o energiza – que faz você se levantar de manhã e o impele durante o dia – vem de dentro ou de fora? E quanto a seu cônjuge, seu parceiro ou seus filhos? E os homens e mulheres à sua volta no trabalho? Se você for como a maioria das pessoas com quem conversei, instantaneamente terá uma ideia da categoria à qual alguém pertence.*

Não quero com isso dizer que as pessoas Tipo X sempre negligenciam o prazer inerente ao que fazem, ou que as pessoas Tipo I

---

* Você pode até tentar isto com pessoas que não conhece. Veja se concorda: Jeff Skilling, da Enron, era do Tipo X; Warren Buffett, da Berkshire Hathaway, é do Tipo I. Antonio Salieri era do Tipo X; Wolfgang Amadeus Mozart era do Tipo I. O riquíssimo Donald Trump é do Tipo X; a ainda mais rica Oprah Winfrey é do Tipo I. O ex-CEO da GE Jack Welch é do Tipo X; o fundador da Interface Global, Ray Anderson, é do Tipo I. Simon Cowell é do Tipo X; Bruce Springsteen é do Tipo I. Para uma visão menos extremista, consulte o Kit de Ferramentas do Tipo I, ao final do livro, e encontrará uma avaliação on-line gratuita da categoria à qual você pertence.

resistem a quaisquer tipos de tentação externa. A questão é que, para o Tipo X, o motivador principal são recompensas externas; qualquer satisfação mais profunda é bem-vinda, mas secundária. Para o Tipo I, os motivadores principais são a liberdade, o desafio da tarefa e o propósito da própria realização; quaisquer outros ganhos são bem-vindos, porém são mais como um bônus.

Algumas outras distinções que devemos ter em mente antes de prosseguir:

O comportamento Tipo I é adquirido, não é inato. Esses padrões comportamentais não são traços fixos, mas pendores que emergem de circunstâncias, experiência de vida e contexto. O comportamento Tipo I, por surgir em parte de necessidades humanas universais, não depende de idade, gênero nem nacionalidade. A ciência demonstra que, uma vez que as pessoas aprendem as práticas e atitudes fundamentais – e conseguem exercitá-las em ambientes que ofereçam suporte –, sua motivação, assim como seu desempenho final, disparam. Qualquer Tipo X pode vir a se tornar um Tipo I.

O desempenho das pessoas Tipo I quase sempre supera, a longo prazo, o das pessoas Tipo X. Pessoas intrinsecamente motivadas tendem a conseguir mais que seus colegas buscadores de recompensas. Infelizmente, isso nem sempre ocorre a curto prazo. Um foco intenso em recompensas extrínsecas pode de fato fornecer resultados rápidos. O problema é que isso dificilmente se sustenta. E não favorece o aperfeiçoamento – que é a fonte da realização a longo prazo. As pessoas mais bem-sucedidas, como mostram os indícios, em geral não estão buscando diretamente as ideias convencionais de sucesso, mas sim se esforçando e persistindo nas dificuldades devido ao desejo interno de ter autonomia sobre a própria vida, aprender sobre seu mundo e realizar algo que perdure.

O comportamento Tipo I não desdenha dinheiro ou reconhecimento. Tanto o Tipo X quanto o Tipo I se importam com dinheiro. Se a remuneração de um funcionário não chega à base que descrevi no Capítulo 2 – se seu empregador não lhe paga uma quantia adequada ou se seu salário não é equitativo comparado com o de outras pessoas em trabalhos semelhantes –, a motivação dessa pessoa despencará, não importando sua inclinação para X ou I. Contudo, uma vez que a remuneração atinja esse nível, o dinheiro desempenha para o Tipo I um papel diferente do que para o Tipo X. O Tipo I não recusa aumentos nem benefícios, mas uma das razões para que um pagamento justo lhe seja tão essencial é que isso retira de cena a questão do dinheiro e, assim, a pessoa pode se concentrar no trabalho em si. Já para muitos do Tipo X, o dinheiro é a cena. É a razão para trabalharem. E o reconhecimento desempenha papel semelhante: o Tipo I gosta de ser reconhecido por suas realizações, mas por ser uma forma de feedback. Para ele, o reconhecimento não é a meta em si – como é para o Tipo X.

O comportamento Tipo I é um recurso renovável. Pense no comportamento Tipo X como o carvão e no comportamento Tipo I como a energia solar. Na maior parte da história recente, o carvão tem sido o recurso mais barato, fácil e eficiente. Mas o carvão tem duas desvantagens. Primeiro, gera coisas nocivas, como poluição do ar e gases de efeito estufa. Segundo, é finito; obter mais carvão se torna mais difícil e mais caro a cada ano. O comportamento Tipo X é semelhante. Uma ênfase nas recompensas e punições produz suas externalidades (como enumerado no Capítulo 2). E motivadores do tipo "desde que" sempre ficam mais caros. Em comparação, o comportamento Tipo I, que se baseia na motivação intrínseca, utiliza recursos que são fáceis de ser reabastecidos e produzem resíduos pouco tóxicos. É o equivalente motivacional à energia limpa: barato, seguro de usar e incessantemente renovável.

O comportamento Tipo I promove maior bem-estar físico e mental. De acordo com uma série de estudos de pesquisadores da SDT, pessoas orientadas para a autonomia e a motivação intrínseca têm autoestima maior, relacionamentos interpessoais melhores e, no geral, mais bem-estar do que aquelas extrinsecamente motivadas. Pessoas cujas aspirações centrais são validações Tipo X, como dinheiro, fama ou beleza, tendem a ter menos saúde psicológica. Existe até uma relação entre o Tipo X e o Tipo A. Deci descobriu que aqueles orientados para o controle e para recompensas extrínsecas demonstravam menos espontaneidade e conforto em público, agiam mais defensivamente e eram mais propensos a exibir o padrão de comportamento Tipo A.[5]

Em última análise, o comportamento Tipo I depende de três nutrientes: autonomia, excelência e propósito. O comportamento Tipo I é autônomo. É dedicado a se tornar cada vez melhor em algo que importa. E conecta essa busca pela excelência a um propósito maior.

Alguns poderiam desdenhar de ideias como essas, tachá-las de sentimentais e idealistas, mas a ciência discorda. Ela confirma que esse tipo de comportamento é essencial ao ser humano – e que agora, em uma economia em rápida transformação, é também fundamental para qualquer tipo de sucesso profissional, pessoal e organizacional.

Então, temos uma escolha. Podemos nos agarrar a uma visão da motivação humana fundamentada mais nos velhos hábitos do que na ciência moderna. Ou podemos ouvir as pesquisas, trazer nossa empresa e nossas práticas pessoais para o século XXI e forjar um novo sistema operacional para ajudar a nós mesmos, nossas empresas e nosso mundo a funcionar um pouco melhor.

Não será fácil. Não vai acontecer da noite para o dia. Portanto, mãos à obra.

PARTE DOIS

Os três elementos

CAPÍTULO 4

Autonomia

Eu vi o futuro – e ele funciona. Funciona em ciclos de 24 horas em Sydney, Austrália. Funciona em projetos paralelos tipo guerrilha em Mountain View, Califórnia. E funciona sempre que dá na veneta em Charlottesville, Virgínia. O por que funciona está em como funciona. Nas margens da economia – devagar, mas inexoravelmente –, ideias de gestão antiquadas estão dando lugar a uma ênfase nova na autogestão.

Foi por isso que, em uma sexta-feira chuvosa em Charlottesville, pouco depois do meio-dia, somente um terço dos funcionários do CEO Jeff Gunther foi trabalhar. Mas Gunther – empresário, gestor, capitalista – não está preocupado nem aborrecido. Está calmo e concentrado como um monge. Talvez porque ele próprio só tenha chegado ao escritório uma hora atrás. Ou talvez porque ele saiba que sua equipe não está fazendo corpo mole. Seus funcionários estão trabalhando – mas sob as próprias condições.

No início do ano, Gunther deu início a um experimento de autonomia na Meddius, uma das três empresas que dirige. Ele transformou a empresa, que cria softwares e hardwares para integração de sistemas em hospitais, em um ambiente de trabalho orientado a resultados (ATOR).

O ATOR é uma criação de Cali Ressler e Jody Thompson, ex-executivas de recursos humanos da empresa varejista americana Best Buy. Os princípios do ATOR combinam o pragmatismo sensato de Benjamin Franklin com o radicalismo iconoclasta de Saul Alinsky. Em um ATOR, as pessoas não têm cronogramas. Aparecem quando querem. Não precisam estar no escritório em determinado horário – em horário algum, na verdade. Só precisam fazer seu trabalho. Como, quando e onde o fazem é problema delas.

Isso atraiu Gunther, que tem 30 e poucos anos. "Gestão não é ficar circulando e ver se as pessoas estão nas suas salas", declara ele. "É criar condições para as pessoas realizarem seu melhor trabalho." Por isso ele sempre tentou controlar pouco os funcionários. Mas, com a expansão da Meddius, e quando Gunther passou a explorar um novo local de escritório, começou a refletir se funcionários talentosos e adultos fazendo trabalho sofisticado precisavam de algum tipo de controle. Assim, no jantar de fim de ano de 2008, ele fez um anúncio: nos primeiros noventa dias do ano seguinte, toda a organização de 22 funcionários faria um experimento, tornando-se um ATOR.

"No princípio, as pessoas não simpatizaram com a ideia", relata Gunther. O escritório enchia em torno das nove da manhã e esvaziava no começo da noite, como antes. Alguns funcionários vinham de ambientes extremamente controladores e não estavam acostumados com aquele tipo de liberdade (na antiga empresa de um funcionário, o pessoal tinha que chegar todos os dias às oito da manhã e, se alguém chegasse atrasado, ainda que só alguns minutos, tinha que redigir uma explicação para todos os demais). Mas, após algumas semanas, a maioria do pessoal achou sua rotina. A produtividade aumentou. O estresse diminuiu. E, embora dois funcionários tenham tido dificuldade com a liberdade e deixado o emprego, ao final do período de teste Gunther decidiu manter o ATOR de maneira permanente.

"Algumas pessoas (fora da empresa) acharam que eu estava maluco", lembra Gunther. "Elas perguntavam: 'Como você pode saber o que seus funcionários estão fazendo se não estão aqui?'" Mas, em sua visão, a equipe vinha obtendo resultados melhores sob aquele novo sistema. Uma razão para isso: estavam concentrados no trabalho em vez de se preocuparem se alguém os chamaria de preguiçosos por saírem às três para ir ao jogo de futebol da filha. E, como o grosso de sua equipe consistia em desenvolvedores de software, designers e profissionais de outras áreas de trabalho criativo especializado, aquilo era essencial. "Para eles, tudo se resume a perícia. E eles precisam de muita autonomia."

Todos continuavam tendo metas específicas a alcançar – por exemplo, completar um projeto em certo tempo ou atingir determinado número de vendas. E, se precisassem de ajuda, Gunther estava à disposição. Mas ele decidiu não vincular essas metas à remuneração. "Isso cria uma cultura que enfatiza o dinheiro em detrimento do trabalho." O dinheiro, ele acredita, é apenas "um motivador inicial". As pessoas precisam ser bem pagas e ser capazes de cuidar da família, diz Gunther, mas, uma vez que a empresa satisfaça esse parâmetro, dólares e centavos não afetam muito o desempenho e a motivação. Na verdade, Gunther pensa que, em um ATOR, os funcionários tendem bem menos a aceitar outro emprego por mil ou mesmo 2 mil dólares mensais a mais. A liberdade que têm de fazer um ótimo trabalho é mais valiosa, e mais difícil de obter, que um aumento de salário – e os cônjuges, parceiros e famílias dos funcionários estão entre os mais ferrenhos defensores do ATOR.

"Mais empresas migrarão para esse sistema à medida que mais empresários da minha idade surgirem. A geração do meu pai vê os seres humanos como recursos humanos. Eles são as tábuas de que você necessita para construir sua casa. Na minha opinião, trata-se de uma parceria entre mim e os funcionários. Eles não são recursos. São parceiros." E parceiros, como todos nós, precisam conduzir a própria vida.

PROTAGONISTAS OU PEÕES?

Esquecemos às vezes que o "gerenciamento" não vem da natureza. Não é como uma árvore ou um rio. É como uma televisão ou uma bicicleta, algo que os seres humanos inventaram. Como observou o guru da estratégia Gary Hamel, o gerenciamento é uma tecnologia. E, tal como a Motivação 2.0, uma tecnologia que ficou decrépita. Enquanto algumas empresas lubrificaram um pouco as engrenagens e muitas outras se declararam favoráveis a essas inovações, na prática o gerenciamento não mudou muito em cem anos. Sua ética central ainda é o controle; suas principais ferramentas ainda são os motivadores extrínsecos. Por consequência, está em grande parte fora de sincronia com as habilidades não rotineiras, envolvendo o lado direito do cérebro, das quais dependem muitas das economias do mundo atualmente. Mas será que suas fraquezas mais gritantes são ainda mais profundas? Estará o gerenciamento, tal como constituído hoje, fora de sincronia com a própria natureza humana?

A ideia de gerenciamento (de pessoas, não de, digamos, cadeias de suprimentos) se baseia em certos pressupostos sobre a natureza básica daqueles que são gerenciados. Presume-se que, para agirmos ou avançarmos, precisamos de um cutucão – que, na falta de recompensa ou punição, permaneceríamos contentes e felizes no mesmo lugar. Também se presume que, quando em movimento, as pessoas precisam de orientação – que, sem um guia firme e confiável, elas perderão o rumo.

Será mesmo que essa é nossa natureza fundamental? Ou, para usar outra metáfora relacionada a computadores, será nossa "configuração padrão"? Quando adentramos o mundo, estamos programados para sermos passivos e inertes? Ou estamos programados para sermos ativos e engajados?

Estou convencido da última alternativa – que nossa natureza básica é sermos curiosos e autônomos. E digo isso não por ser um idealista ingênuo, mas porque tenho contato com crianças e porque tenho três filhos. Você já viu uma criança de 6 meses ou 1 ano que não seja curiosa e autônoma? Eu não. É assim que saímos da caixa. Se, aos 14 ou 43, somos passivos e inertes, não é devido à nossa natureza. É porque algo alterou nossa configuração padrão.

Esse algo pode muito bem ser o gerenciamento – não meramente como os chefes nos tratam no trabalho, mas também como essa mentalidade se infiltrou nas escolas, nas famílias e em muitos outros aspectos de nossa vida. Talvez o gerenciamento não esteja reagindo ao nosso estado supostamente natural de inércia passiva. Talvez o gerenciamento seja uma das forças que estão alterando nossa configuração padrão e provocando esse estado.

Olhe, isso não é tão insidioso como parece. Sufocar parte de nossa natureza em nome da sobrevivência econômica pode ser uma atitude sensata. Meus ancestrais fizeram isso, assim como os seus. E existem momentos, mesmo hoje, em que não temos outra opção.

Mas hoje a realização econômica, sem falar na realização pessoal, com frequência tem uma base diferente. Depende não de manter nossa natureza sufocada, mas em permitir que venha à tona. É preciso resistir à tentação de controlar as pessoas – e, em vez disso, fazer todo o possível para despertar a adormecida autonomia que temos enraizada em nós. Essa capacidade inata de autogestão está no núcleo da Motivação 3.0 e do comportamento Tipo I.

> *"A suprema liberdade para grupos criativos é a liberdade de experimentar ideias novas. Alguns céticos insistem que a inovação é cara. A longo prazo, a inovação é barata. A mediocridade é que é cara – e a autonomia pode ser o antídoto."*
>
> TOM KELLEY
> Diretor-geral da IDEO

A qualidade fundamentalmente autônoma da natureza humana é central à teoria da autodeterminação (SDT). Como expliquei no capítulo anterior, Deci e Ryan citam a autonomia como uma das três necessidades humanas básicas. E, das três, é a mais importante – o Sol em torno do qual giram os planetas da SDT. Na década de 1980, ao avançarem em seu trabalho, Deci e Ryan deixaram de categorizar o comportamento como extrínseca ou intrinsecamente motivado para categorizá-lo como controlado ou autônomo. "A motivação autônoma envolve comportar-se com uma sensação plena de volição e escolha", escreveram eles, "enquanto a motivação controlada envolve comportar-se sob a pressão ou demanda por resultados específicos, vinda de forças percebidas como externas ao eu."[1]

Autonomia, na visão deles, é diferente de independência. Não é o individualismo selvagem, solitário e desconfiado do caubói americano. Significa agir com escolha – isto é, podemos ser autônomos e alegremente interdependentes. E, enquanto a ideia de independência possui reverberações nacionais e políticas, autonomia parece ser um conceito humano em vez de ocidental. Pesquisadores descobriram um vínculo entre autonomia e bem-estar geral não apenas na América do Norte e na Europa Ocidental, mas também na Rússia, na Turquia e na Coreia do Sul. Mesmo em locais não ocidentais de alta pobreza, como Bangladesh, cientistas sociais descobriram que autonomia é algo que as pessoas buscam e que aumenta a qualidade de vida.[2]

Uma sensação de autonomia exerce um efeito poderoso sobre o desenvolvimento e a postura individuais. De acordo com uma série de estudos recentes, a motivação autônoma promove maior compreensão conceitual, melhores notas, persistência maior na escola e nas atividades esportivas, maior produtividade, menos desgaste e níveis maiores de bem-estar psicológico.[3] Esses efeitos se transferem para o local de trabalho. Em 2004, Deci e Ryan, junto com Paul Baard, da Universidade Fordham, realizaram um estudo com funcionários de um banco de investimentos norte-americano. Os três pesquisadores constataram uma maior satisfação no emprego entre funcionários cujos chefes ofereciam "apoio à autonomia". Esses chefes viam os problemas do ponto de vista dos funcionários, davam feedback e informações significativas, permitiam ampla escolha sobre o que fazer e como fazê-lo, e encorajavam os funcionários a assumirem projetos novos. A resultante melhoria na satisfação no emprego produzia, em troca, um desempenho melhor no serviço. Além disso, os benefícios que a autonomia confere aos indivíduos estendem-se às suas organizações. Por exemplo, pesquisadores da Universidade Cornell estudaram 320 pequenas empresas, metade das quais concedia autonomia aos trabalhadores, enquanto a outra metade dependia da direção verticalizada. As empresas que ofereciam autonomia cresciam a uma taxa quatro vezes maior e apresentavam um terço da rotatividade em comparação com aquelas orientadas para o controle.[4]

E, mesmo assim, grande parte das empresas ainda permanece deploravelmente atrás da ciência. A maioria dos conceitos gerenciais do século XXI presume que, no final das contas, as pessoas são peões em vez de protagonistas. O economista britânico Francis Green, para citar apenas um exemplo, aponta para a falta de liberdade individual no trabalho como a principal explicação para o declínio da produtividade e da satisfação no emprego no Reino Unido.[5] Os processos gerenciais ainda giram em torno de supervisão, recompensas contingentes e outras formas de controle. Isso ocorre até com a abordagem da mais amável e gentil Motivação 2.1, que sussurra docemente palavras de ordem como "empoderamento" e "flexibilidade".

Vejamos a própria noção de "empoderamento". Ela presume que a organização tem o poder e que, benevolente que é, despeja parte desse poder nas taças de seus funcionários, que aguardam com as mãos estendidas em expectativa e gratidão. Isso não é autonomia. É apenas uma forma ligeiramente mais civilizada de controle. Ou tomemos a adoção do "horário flexível". Ressler e Thompson a acusam de trapaça, e com razão. A flexibilidade apenas alarga as cercas e ocasionalmente abre as porteiras. Também não passa de controle em pele de cordeiro. As próprias palavras refletem pressupostos que vão contra a textura da época e a natureza da condição humana. Em suma, gerenciamento não é a solução; é o problema.

Talvez esteja na hora de atirar a própria palavra "gerenciamento" na pilha de cinzas linguísticas, junto com "cinematógrafo" e "carruagem sem cavalo". Nossa época não pede melhor gerenciamento: pede o renascimento da autogestão.

OS QUATRO FUNDAMENTOS

Em 2002, Scott Farquhar e Mike Cannon-Brookes, dois australianos inexperientes recém-saídos da universidade, pegaram um empréstimo de 10 mil dólares com seus cartões de crédito e abriram uma empresa de software. Ungiram seu empreendimento com um nome ousado, Atlassian, homenagem ao titã grego Atlas, que sustentava o mundo nos ombros. E resolveram criar uma empresa que competisse com alguns dos grandes nomes do software empresarial. Na época, o empreendimento parecia lunático. Hoje, parece inspirado. Mediante a combinação de ótimo código e práticas empresariais inteligentes, a Atlassian atualmente arrecada cerca de 35 milhões de dólares por ano – e emprega cerca de duzentas pessoas em escritórios em Sydney, Amsterdã e São Francisco.

Mas, como qualquer bom empreendedor, Cannon-Brookes caminha sob uma nuvem de perpétua insatisfação. Ele tinha visto empresas de sucesso estagnarem e não queria que a sua tivesse o mesmo destino. Assim, para estimular ainda mais a criatividade entre sua equipe, e para garantir que os programadores da Atlassian estivessem se divertindo no trabalho, decidiu encorajá-los a passar um dia se dedicando a qualquer problema que quisessem, ainda que não fizesse parte de seu serviço.

Esse dia de folga inusitado fez surgirem diversas ideias de produtos novos, bem como de reparos e correções nos já existentes. Cannon-Brookes decidiu, portanto, tornar a prática uma parte permanente da cultura da Atlassian. Então, uma vez por trimestre, a empresa passou a reservar um dia inteiro para que seus engenheiros pudessem trabalhar em qualquer problema de software que quisessem – só que agora, "para tirá-los do dia a dia", teria que ser algo que não fizesse parte de seu serviço.

Às duas da tarde de uma quinta-feira, o dia começa. Engenheiros, incluindo o próprio Cannon-Brookes, criam um código novo ou uma solução elegante – do jeito que querem, com quem querem. Muitos trabalham noite adentro. Então, às quatro da tarde da sexta-feira, mostram os resultados ao restante da empresa em uma reunião informal, com todos os funcionários, regada a cerveja gelada e bolo de chocolate. A Atlassian chama esses arroubos de liberdade e criatividade ao longo de 24 horas de "Dias FedEx" – porque as pessoas têm de entregar algo da noite para o dia. E a entrega tem se cumprido. No decorrer dos anos, esse estranho e pequeno exercício produziu uma série de ajustes de softwares que, de outra forma, poderiam nunca ter surgido. Diz um engenheiro: "Algumas das coisas mais bacanas que temos em nosso produto hoje vieram dos Dias FedEx."

Não se trata de um plano de pagamento por desempenho baseado nos pressupostos mecanicistas da Motivação 2.0. É um plano de autonomia, belamente sintonizado com as tendências alternativas da Motivação 3.0. "Sempre adotamos o posicionamento de que o dinheiro é algo que só pode fazer você perder", explica Cannon-Brookes. "Se você não paga o suficiente, pode perder pessoal, mas, afora isso, o dinheiro não é um motivador. O que importa são esses outros fatores." E o que umas poucas empresas voltadas para o futuro estão descobrindo é que um desses fatores essenciais é a autonomia – em especial, autonomia sobre quatro aspectos do trabalho: o que as pessoas fazem, quando fazem, como fazem e com quem fazem. Como mostra a experiência da Atlassian, o comportamento Tipo I emerge quando as pessoas têm autonomia sobre os quatro Ts: suas tarefas, seu tempo, sua técnica e seu time.

Tarefa

Cannon-Brookes continuava insatisfeito. Os Dias FedEx estavam funcionando bem, mas tinham uma fraqueza intrínseca. "Você desenvolvia algo em 24 horas, mas não tinha mais tempo para trabalhar naquilo", explica ele. Assim, ele e o cofundador da Atlassian, Farquhar, decidiram dobrar a aposta na autonomia dos funcionários. No início de 2008, anunciaram que, pelos seis meses seguintes, os desenvolvedores poderiam dedicar 20% de seu tempo – em vez de apenas um dia intenso – a qualquer projeto que lhes interessasse. Como explicou Cannon-Brookes em uma postagem de blog para os funcionários:

Um engenheiro de startup precisa ser todas as coisas – ele (ou ela) é um(a) desenvolvedor(a) de software em horário integral e um(a) gerente de produto/guru de suporte ao cliente/especialista em sistemas internos em horário parcial. Conforme a empresa cresce, um engenheiro passa menos tempo desenvolvendo o que quer pessoalmente no produto. Nossa intenção é de que esses 20% de tempo devolvam aos engenheiros tempo livre – sob sua direção – para se dedicarem à inovação de produtos, recursos, plugins, ajustes ou acréscimos que julguem mais importantes.[6]

Essa prática tem uma tradição forte e uma expressão moderna conhecida. A empresa pioneira em implementá-la foi a americana 3M. Nas décadas de 1930 e 1940, o presidente da 3M era William McKnight, um sujeito tão modesto em seus hábitos como visionário em seu pensamento. McKnight tinha uma crença simples e, à época, subversiva: "Contrate boas pessoas e deixe-as em paz". Bem antes de virar moda gestores falarem de "empoderamento", ele fez uma defesa mais vigorosa da autonomia. "Aqueles homens e mulheres aos quais delegamos autoridade e responsabilidade, se forem boas pessoas, vão querer fazer seu serviço do seu jeito", escreveu em 1948.[7] McKnight chegou a encorajar os funcionários a fazerem o que ele denominava "rabiscos experimentais".

Com essas ideias heterodoxas fermentando em sua mente, esse impro-

> *"Como empresário, sou abençoado com 100% de autonomia sobre tarefas, tempo, técnica e time. O fato é o seguinte: se mantenho essa autonomia, eu falho. Eu deixo de entregar. Deixo de me esmerar. Deixo de me concentrar. Acabo, inevitavelmente, sem nenhum produto ou com um produto rejeitado pelo mercado. A arte das artes é reconhecer seus limites. Esta é a autonomia que eu mais valorizo, a liberdade de reconhecer meus limites."*
>
> SETH GODIN, autor dos livros *A vaca roxa* e *Tribos* e do blog de marketing mais popular do mundo

vável herege corporativo estabeleceu uma nova política em sua empresa: a equipe técnica podia dedicar 15% de seu tempo a projetos de livre escolha. A iniciativa parecia tão contrária aos dogmas da Motivação 2.0, tão condenável, que dentro da 3M era conhecida como a "política da pirataria". Mas funcionava. Aqueles jardins murados de autonomia logo se tornaram campos férteis para uma colheita de inovações – entre elas, os blocos adesivos Post-it. O cientista Art Fry teve a ideia para esses adesivos hoje onipresentes não enquanto cumpria uma de suas tarefas regulares, mas durante seus 15% de tempo autônomo. Hoje, o Post-it é um negócio monumental: a 3M oferece mais de seiscentos produtos Post-it em mais de cem países. (E o impacto cultural do Post-it talvez seja ainda maior. Imagine: não fosse o precoce estímulo de McKnight à autonomia, estaríamos vivendo em um mundo sem quadradinhos de papel amarelos afixados nos nossos monitores de computador. Assustador.) De acordo com o ex-diretor de pesquisa e desenvolvimento da 3M, a maior parte das invenções com que a empresa conta até hoje surgiu desses períodos de pirataria e rabiscos experimentais.[8]

A inovação de McKnight continua em vigor na 3M, mas o número de empresas que seguiram seu exemplo, apesar dos resultados comprovados, é assustadoramente baixo. Dessas poucas, a mais conhecida é a Google, que há tempos encoraja seus engenheiros a dedicar um dia da semana a um projeto paralelo. Há quem use seus "20% de tempo" para aprimorar um produto existente, mas a maioria os utiliza para desenvolver algo inteiramente novo. Claro que a Google não abre mão dos direitos de propriedade intelectual do que é criado durante esses 20% – uma atitude sábia de sua parte, pois, em um ano típico, mais de metade dos lançamentos da Google nasce durante esse período de autonomia pura. Por exemplo, o cientista Krishna Bharat, frustrado com a dificuldade de encontrar reportagens on-line, criou o Google Notícias em seus 20% de tempo. O site hoje recebe milhões de visitantes por dia. O ex-engenheiro da Google Paul Buchheit criou o Gmail, hoje um dos serviços de e-mail mais populares do mundo, como seu projeto dos 20%. Muitos outros produtos da Google têm história de origem semelhante: entre eles o Orkut (o software de rede social da Google), o Google Talk (aplicativo de mensagens instantâneas), o Google Sky (que permite a usuários com pendores astronômicos olharem fotos do universo) e o Google Tradutor (software de tradução para dispositivos móveis). Como disse o engenheiro Alec Proudfoot – cujo próprio projeto dos 20% procurou melhorar a eficiência de carros híbridos – em entrevista na televisão: "Quase todas as boas ideias aqui na Google surgiram nos 20% de tempo."[9]

Na Atlassian, o experimento dos 20% de tempo pareceu funcionar. Durante o período de teste, que acabou durando um ano inteiro, os desenvolvedores lançaram 48 projetos novos. Assim, em 2009, Cannon-Brookes decidiu tornar aquela dose de autonomia nas tarefas um aspecto permanente da vida profissional da Atlassian. A decisão não agradou a todos. Pelo cálculo aproximado de Cannon-Brookes, 70 engenheiros gastando 20% de seu tempo em um período de apenas seis meses representava um investimento de 1 milhão de dólares. O diretor financeiro da empresa ficou horrorizado. Alguns gerentes de projetos – apesar dos costumes progressistas da Atlassian, a empresa ainda usa o termo "gerente" – não ficaram satisfeitos porque significava perder parte do controle que exerciam sobre seus subordinados. Quando quiseram rastrear o tempo dos funcionários para conferir se não estavam abusando do privilégio, Cannon-Brookes rejeitou a ideia. "Aquilo era controlador demais. Eu queria respaldar nossos engenheiros e acreditar que fariam coisas boas." Além disso, diz ele, "as pessoas são bem mais eficientes nesses 20% do tempo do que no restante do expediente. Elas dizem: 'Eu que não vou ficar vendo essas [censurado] de sites inúteis ou entrando no Facebook.'"

Hoje em dia, quando alguém do financeiro, o suor brotando no rosto, reclama dos custos, Cannon-Brookes tem uma resposta pronta: "Eu mostro uma lista enorme de coisas que conseguimos. Mostro que temos rotatividade zero na equipe de engenharia e que temos engenheiros altamente motivados, sempre tentando aperfeiçoar e melhorar nossos produtos."

A autonomia em relação à tarefa é um dos aspectos essenciais da abordagem da Motivação 3.0 em relação ao trabalho. E não se restringe a empresas de tecnologia. Por exemplo: no hospital da Universidade de Georgetown, em Washington, D.C., muitas enfermeiras têm a liberdade de realizar os próprios projetos de pesquisa, que, por sua vez, modificaram vários programas e políticas do hospital.[10] Medidas de autonomia podem funcionar em uma série de campos – e oferecer uma fonte promissora de inovações e até mesmo de reforma institucional.

Iniciativas como os Dias FedEx e projetos paralelos autorizados nem sempre são fáceis de executar na incessante engrenagem do dia a dia – atender clientes, expedir produtos, resolver problemas –, mas estão se tornando urgentes em uma economia que demanda habilidades não rotineiras, criativas e conceituais – como qualquer artista ou designer pode atestar, já que, nessas carreiras, a autonomia em relação à tarefa há muito é fundamental à capacidade criativa. E bons líderes (em oposição a "gerentes" competentes) entendem isso profundamente.

Um bom exemplo disso é George Nelson, que por algumas décadas foi diretor de design da Herman Miller, a icônica fábrica de móveis americana. Ele certa vez expôs cinco princípios simples que acreditava levarem a um ótimo design. Um desses princípios poderia servir de grito de guerra para a autonomia em relação à tarefa, um pilar do Tipo I: "Você decide o que vai fazer."

Tempo

Já se perguntou por que os advogados, de modo geral, sofrem tanto? Alguns cientistas sociais já – e encontraram três explicações para isso. Uma delas envolve o pessimismo. Ser pessimista é uma receita quase infalível para níveis baixos daquilo que os psicólogos chamam de "bem-estar subjetivo". É também uma desvantagem na maioria das profissões. Mas, como escreveu Martin Seligman, "existe uma exceção gritante: os pessimistas se saem melhor no direito". Em outras palavras, uma postura mental que nos torna menos felizes como seres humanos torna um advogado mais competente.[11] Uma segunda razão: a maioria das outras atividades profissionais é de soma positiva. Se eu vendo algo que você quer e aprecia, ambos saímos ganhando. Já o direito é, geralmente (embora nem sempre), um jogo de soma zero: se alguém ganha, um outro precisa necessariamente perder.

Mas a terceira razão é, talvez, a melhor explicação de todas – e ajuda a entender por que tão poucos advogados exemplificam o comportamento Tipo I. Os advogados enfrentam um volume intenso de demandas, mas têm relativamente pouca "latitude de decisão". Estudiosos usam esse termo para descrever as escolhas – escolhas percebidas – que uma pessoa tem. Em certo sentido, é outra maneira de descrever a autonomia – e os advogados são mal-humorados e irritados porque não têm muita. A privação começa cedo. Um estudo de 2007 que avaliou duas faculdades de direito americanas descobriu que, no período de três anos de curso, o bem-estar geral dos estudantes despencou – em grande parte, porque sua necessidade de autonomia foi contrariada. Estudantes

> *"Nada é mais importante para meu sucesso que controlar minha agenda. Sou mais criativo das cinco às nove da manhã. Se eu tivesse um chefe ou colegas de trabalho, eles arruinariam minhas melhores horas de algum modo."*
>
> SCOTT ADAMS
> Criador do Dilbert

com maior autonomia na seleção de seu curso, suas tarefas e suas relações com os professores mostraram declínios bem menos acentuados e na verdade tiravam melhores notas, inclusive na prova da Ordem dos Advogados.[12]

Infelizmente, no cerne da prática da advocacia privada está, talvez, o mecanismo mais antiautonomia imaginável: a hora faturável. A maioria dos advogados – e quase todos aqueles que trabalham em escritórios grandes, de prestígio – precisa manter um controle rigoroso de seu tempo. Se deixam de faturar horas suficientes, seus empregos correm risco. Como resultado, seu foco inevitavelmente se desloca do output de seu trabalho (solucionar o problema de um cliente) para seu input (acumular o máximo de horas possível). Se as recompensas resultam do tempo, então o escritório obterá tempo. Esses tipos de meta mensurável e de valor crucial podem drenar a motivação intrínseca, solapar a iniciativa individual e até encorajar o comportamento antiético. "Se de alguém se espera que fature mais de 2 mil horas por ano", disse certa vez o ex-presidente da Suprema Corte dos Estados Unidos William Rehnquist, "surgirá a tentação de exagerar as horas realmente dedicadas."[13]

A hora faturável é uma relíquia da Motivação 2.0. Faz certo sentido para tarefas rotineiras – seja instalar portas na carroceria de um Ford Taurus ou inserir deduções em um formulário de imposto simplificado –, porque existe uma ligação estreita entre a quantidade de tempo dedicada e a quantidade de trabalho resultante. E, se seu pressuposto inicial é que a configuração padrão dos trabalhadores é fazer corpo mole, monitorar seu tempo pode mantê-los diligentes.

Mas a hora faturável tem pouco espaço na Motivação 3.0. Para tarefas não rotineiras, entre elas o direito, o vínculo entre o tempo gasto e a produção de uma pessoa é irregular e imprevisível. Imagine exigir que o inventor Dean Kamen ou a atriz Helen Mirren ganhem de acordo com as horas trabalhadas. Se partimos de uma suposição alternativa, e mais precisa – de que as pessoas querem realizar um bom trabalho –, devemos deixar que se concentrem no trabalho, e não no tempo despendido para realizá-lo. Alguns escritórios de advocacia já estão se voltando para essa nova direção mais alinhada ao Tipo I – cobrando honorários fixos, não de acordo com o tempo –, com o sócio dirigente de um dos maiores escritórios de advocacia de Nova York tendo declarado recentemente: "É hora de nos livrarmos da hora faturável."[14]

Se a hora faturável tem sua antítese, trata-se do ambiente de trabalho orientado a resultados, do tipo que Jeff Gunther introduziu em suas empresas. A primeira grande empresa a se tornar um ATOR foi a Best Buy – não em suas lojas, mas em seus escritórios. À semelhança dos 15% de tempo da 3M, o experimento ATOR da Best Buy começou meio que como um projeto "maldito" lançado por Ressler e Thompson, que já mencionei e que desde então se tornaram gurus do ATOR, levando sua mensagem de autonomia a todo o mundo. A sede da Best Buy (em Richfield, Minnesota) é visionária, moderna e equipada com um concierge, cafés e lavanderia. Mas a empresa tinha uma reputação de horas punitivas e chefes invasivos – e vinha pagando o preço na perda de talentos. O então CEO Brad Anderson discretamente concordou com a proposta estranha de Ressler e Thompson, porque encorajava as "pessoas a contribuírem em vez de apenas comparecerem e trabalharem mecanicamente para cumprir a tarefa do dia".[15]

Atualmente, a sede da Best Buy tem menos pessoas trabalhando em um horário regular do que em um ATOR sem horário. E, ainda que o varejo de produtos eletrônicos seja um setor altamente competitivo, a Best Buy tem conquistado seu espaço tanto no mercado como na busca por talentos. Tamara Erickson assim relatou à *Harvard Business Review* os resultados do ATOR na empresa:

> O pessoal assalariado dedica o tempo necessário a realizar seu trabalho. Os horistas que fazem parte do programa trabalham um número fixo de horas para cumprir as exigências das leis trabalhistas, mas podem escolher quando. Esses funcionários relatam relacionamentos melhores com a família e os amigos, mais fidelidade à empresa e mais foco e energia. A produtividade aumentou 35% e a rotatividade voluntária está 320 pontos base menor que nas equipes que não fizeram a mudança. Os funcionários dizem que não sabem se trabalham menos horas que antes – eles já não contam mais.[16]

Sem soberania sobre nosso tempo, é quase impossível ter autonomia sobre nossa vida. Algumas poucas organizações Tipo I começaram a reconhecer essa verdade sobre a condição humana e a realinhar suas práticas. Sem dúvida, outras as imitarão. "No passado, a definição de trabalho era primordialmente dedicar tempo e, secundariamente, obter resultados. Precisamos inverter esse modelo", propõe Ressler. "Qualquer que seja seu tipo de negócio, está na hora de se desfazer das papeletas de atraso, dos relógios de ponto e do pensamento ultrapassado da era industrial."

Técnica

Quando você liga para uma central de atendimento ao cliente a fim de reclamar do valor da TV a cabo ou verificar o paradeiro do liquidificador que você encomendou, o telefone geralmente toca em uma caverna insípida conhecida como call center (central de atendimento). Quem atende essas chamadas tem um emprego árduo. Normalmente, é uma pessoa que passa horas sentada em um labirinto de cubículos apertados, headset na cabeça, uma latinha de refrigerante diet ao lado. O salário é pífio. E as pessoas com quem o atendente fala ao telefone – uma após outra após outra – não estão ligando para fazer elogios nem perguntar sobre seus planos para o fim de semana. Elas têm uma queixa, uma frustração ou um problema que precisa de solução. Urgente. Agora.

Como se isso já não fosse penoso o suficiente, os atendentes de call center têm pouca autonomia de decisão e um trabalho que costuma ser a própria definição de rotina. Quando recebem uma chamada, eles ouvem a pessoa – e depois, na maioria dos casos, apertam alguns botões no computador para acessar um roteiro. Eles seguem esse roteiro, às vezes palavra por palavra, na esperança de se livrar da pessoa o mais rápido possível. Pode ser um trabalho mortal, que os gerentes conseguem tornar ainda mais terrível porque muitos deles, na tentativa de aumentar a produtividade, bisbilhotam as conversas dos atendentes e monitoram a duração de cada chamada. Não admira, portanto, que as centrais de atendimento tenham taxas de rotatividade anual médias de 35%, o dobro da taxa dos demais empregos. Em algumas centrais, a taxa de rotatividade anual excede os 100%, significando que, em média, nenhuma das pessoas ali presentes em dado momento continuará no posto no ano seguinte.

Tony Hsieh, fundador da varejista de calçados on-line Zappos (agora parte da Amazon), pensou que havia um meio melhor de recrutar, preparar e desafiar esses funcionários. Assim, os novos contratados da Zappos passam por uma semana de treinamento e, ao final desses sete dias, Hsieh faz uma oferta: se sentirem que a Zappos não é para eles e quiserem cair fora, ele lhes paga

2 mil dólares – sem ressentimentos. Hsieh está hackeando o sistema operacional Motivação 2.0 como um brilhante e benevolente nerd adolescente. Está usando uma recompensa do tipo "desde que" não para motivar pessoas a melhorarem o desempenho, mas para filtrar aquelas que não são adequadas a um espaço de trabalho no estilo Motivação 3.0. As pessoas que permanecem recebem um pagamento razoável e, igualmente importante, têm autonomia sobre a técnica de seu trabalho. A Zappos não monitora o tempo das chamadas de atendimento nem impõe um roteiro. Os funcionários fazem o atendimento como julgam melhor. O objetivo deles é servir bem; como fazem isso, aí é problema deles.

Os resultados dessa ênfase na autonomia sobre a técnica? A rotatividade na Zappos é mínima. E, embora ainda seja nova, ela tem figurado sistematicamente como uma das melhores empresas em atendimento ao cliente dos Estados Unidos – à frente de nomes mais conhecidos, como Cadillac, BMW e Apple, e quase empatada com marcas sofisticadas como Jaguar e Ritz-Carlton.[17] Nada mau para uma fabricante de sapatos com sede no deserto de Nevada.

O exemplo da Zappos é parte de um movimento pequeno mas crescente que busca restaurar um pouco da liberdade individual em trabalhos notavelmente restritivos. Por exemplo, embora muitas empresas estejam aderindo ao *offshoring*, terceirizando trabalhos para fornecedores de baixo custo em outros países, algumas delas estão indo na contramão dessa tendência, começando o que se conhece como *homeshoring*. Em vez de concentrar os atendentes em uma grande central de atendimento, as chamadas são encaminhadas para as casas dos funcionários. Assim eles reduzem o tempo de deslocamento para o trabalho, eliminam o monitoramento presencial e fornecem autonomia bem maior sobre a realização dos serviços.

A empresa de aviação norte-americana JetBlue foi uma das primeiras a experimentar essa abordagem. Desde a sua fundação, em

2000, os funcionários de atendimento telefônico ao cliente trabalham em casa – e a empresa tem obtido avaliações bem melhores que seus concorrentes no quesito. No *homeshoring*, a produtividade e a satisfação no emprego são geralmente maiores do que nos sistemas convencionais – em parte porque, em casa, os funcionários ficam mais à vontade e são menos monitorados, mas também porque são pessoas recrutadas de um acervo mais profundo. Muitos dos funcionários que trabalham em casa são pais, estudantes, aposentados e pessoas com deficiências – aqueles que querem trabalhar, mas precisam fazê-lo do próprio jeito. De acordo com um relatório, entre 70% e 80% dos atendentes que trabalham em casa têm formação universitária – o dobro em relação aos call centers tradicionais. Empreendimentos como Alpine Access, PHH Arval e LiveOps, que fornecem o serviço de atendimento ao cliente para uma série de empresas, relatam que, após adotarem esse método, seus custos de recrutamento caíram para quase zero. Candidatos os procuram. E agora esses atendentes domiciliares estão trabalhando para uma série de empresas norte-americanas – entre elas, 1-800-Flowers, J. Crew, Office Depot e até a Receita Federal – lidando com as perguntas dos clientes do jeito que preferem.[18] Como em qualquer local de trabalho eficaz de Motivação 3.0, são eles que decidem.

Time

Qualquer que seja sua posição na ordem de nascimento, reflita sobre como é ser o terceiro filho numa família. Você não tem escolha sobre as pessoas que estão à sua volta, elas já estão ali quando você chega. Pior, uma ou duas delas podem não estar tão satisfeitas em ver você. E costuma ser impossível se livrar dessas pessoas, ou mesmo de uma sequer.

> *"A autonomia sobre o que fazemos é o mais importante. A maior diferença entre trabalhar para outros estúdios e dirigir o meu é que posso escolher qual projeto assumimos e qual produto, serviço ou instituição promovemos. Essa é, para mim, a questão mais importante, porque, quando estou perto do conteúdo, a pesquisa fica fácil, as reuniões ficam interessantes (pessoas que desenvolvem produtos ou serviços interessantes costumam ser elas próprias interessantes) e não preciso me envolver em falsa publicidade."*
>
> STEFAN SAGMEISTER
> Designer

Começar num emprego novo ou manter o atual é algo semelhante a esse processo familiar. Almas empreendedoras podem conquistar alguma autonomia sobre a tarefa, o tempo e a técnica, mas autonomia sobre o time é mais complicada. Esse é um dos pontos mais atrativos em abrir o próprio negócio: a chance de formar a sua equipe. Mas, mesmo em ambientes mais tradicionais, algumas poucas organizações vêm descobrindo as virtudes de oferecer às pessoas alguma dose de liberdade sobre com quem vão trabalhar, muito embora isso ainda esteja longe de se tornar a regra.

Por exemplo, na rede de mercados orgânicos Whole Foods, as pessoas nominalmente encarregadas de cada departamento não fazem as contratações. Isso cabe aos outros funcionários do departamento. Depois que o candidato ao emprego cumpre um período de experiência de trinta dias, seus possíveis colegas de equipe decidem se a pessoa deve ser mantida. Na W. L. Gore & Associates, fabricante dos tecidos GORE-TEX e outro exemplo de Motivação 3.0 em ação, qualquer um que queira ascender nas fileiras e se tornar líder precisa reunir pessoas dispostas a compor sua equipe.[19]

A capacidade de reunir um time de basquete de talentos da empresa é outra atração dos 20% de tempo. Essas iniciativas geralmente atravessam o organograma, conectando um interesse em comum em vez de um departamento. Como o engenheiro Bharat

Mediratta, da Google, contou ao *The New York Times*: "Se sua ideia dos 20% é um produto novo, costuma ser bem fácil achar algumas pessoas que pensem parecido com você e começar a desenvolvê-lo." E, ao defender uma mudança mais sistêmica na organização, Mediratta diz que a autonomia sobre o time é ainda mais importante. Esses esforços exigem o que ele chama de "grupelho": uma equipe pequena, auto-organizada, quase sem orçamento e com menos autoridade ainda, mas que tenta mudar algo dentro da empresa. Por exemplo, Mediratta formou um grupelho de teste para encorajar engenheiros de toda a empresa a implementarem uma forma mais eficiente de testar códigos de programação. Esse grupo informal de programadores, uma equipe formada de modo autônomo, sem orientação de cargos superiores, "lentamente fez a organização girar sobre seu eixo".[20]

No entanto, o desejo de autonomia pode colidir com outras obrigações. Uma surpresa quando a Atlassian fez as contas de seu experimento de autonomia sobre as tarefas foi que a maioria dos funcionários utilizava menos que os 20% de tempo disponíveis. A razão principal? Não queriam abandonar os projetos em andamento e desagradar sua equipe oficial.

Embora a autonomia sobre o time seja o menos desenvolvido dos quatro Ts, o poder cada vez maior das redes sociais e o surgimento dos aplicativos móveis agora tornam essa espécie de autonomia mais fácil de obter – e de maneiras que vão além de uma única organização. Os projetos de código aberto que mencionei no Capítulo 1, em que equipes improvisadas se auto-organizam para desenvolver um navegador novo ou criar um software de servidor melhor, são um exemplo contundente. E é mais um elemento de valor confirmado pela ciência mas que as empresas tradicionais têm custado a adotar. Diversas pesquisas mostram que pessoas trabalhando em equipes auto-organizadas estão mais satisfeitas que aquelas trabalhando em equipes herdadas.[21] Igualmente, estudos de Deci e outros mostraram que pessoas com alta motivação intrínseca são melhores colegas de trabalho.[22] E isso aumenta muito as possibilidades nessa frente. Se você quer trabalhar com mais Tipos I, a melhor estratégia é você mesmo se tornar um. A autonomia, ao que se revela, pode ser contagiosa.

A ARTE DA AUTONOMIA

Pense por um momento nos grandes artistas dos últimos cem anos e em como trabalhavam – Pablo Picasso, Georgia O'Keeffe e Jackson Pollock, por exemplo. Ao contrário da maioria, a Motivação 2.0 nunca foi o sistema operacional dessas pessoas. Ninguém lhes dizia: "Você precisa pintar esse tipo de quadro. Precisa começar a pintar precisamente às oito e meia da manhã. Precisa pintar com as pessoas que selecionarmos para trabalhar com você. E precisa pintar desse jeito." A própria ideia é ridícula.

Mas quer saber? É ridícula para você também. Quer você esteja consertando pias, registrando vendas no supermercado, vendendo carros ou redigindo um plano de aula, você e eu precisamos de autonomia tanto quanto um grande pintor.

Encorajar a autonomia não significa desencorajar a responsabilidade. Seja qual for o sistema operacional ativo, as pessoas precisam ser responsáveis por seu trabalho. Só que existem diferentes formas de obter isso, cada uma baseada em pressupostos diferentes sobre quem somos no fundo. A Motivação 2.0 supunha que, se as pessoas tivessem liberdade, fariam corpo mole – e que a autonomia era uma forma de escapar da responsabilidade. A Motivação 3.0 começa com um pressuposto diferente. Ela presume que as pessoas querem ser responsáveis – e que um caminho para isso é lhes dar controle sobre sua tarefa, seu tempo, sua técnica e seu time.

Claro que, como os pressupostos do sistema operacional velho ainda reverberam na maioria dos locais de trabalho, a transição para a autonomia não ocorrerá de uma só tacada – pode nunca vir a ocorrer. Se retirarmos de ambientes controladores pessoas que não conheceram nada diferente daquilo e as soltarmos num ATOR ou num ambiente de autonomia pura, elas resistirão. As organizações precisam fornecer, nas palavras de Richard Ryan, "andaimes" que ajudem os funcionários a encontrar seus pontos de apoio para percorrer a transição.

Além disso, cada pessoa prioriza um aspecto diferente da autonomia. Alguns podem ansiar por autonomia sobre uma tarefa, outros podem preferir autonomia sobre o time. Como me contou Tony Hsieh, CEO da Zappos, por e-mail: "Estudos mostraram que o controle percebido é um componente importante da felicidade. Porém o que as pessoas sentem que querem realmente controlar varia, portanto não acho que exista um aspecto da autonomia que seja universalmente mais importante. Cada um tem um desejo diferente, por isso a melhor estratégia para um empregador seria descobrir o que é importante para cada funcionário."

Contudo, não importa como esses desejos individuais se expressam na superfície, eles brotam de raízes em comum. Nascemos para ser protagonistas, não peões. Nossa natureza é sermos indivíduos autônomos, não autômatos. Somos projetados para ser Tipo I. Só que forças externas – inclusive a própria ideia de que precisamos ser "gerenciados" – há muito conspiram para mudar nossa configuração padrão e nos transformar em Tipos X. Se atualizarmos os ambientes em que estamos – não apenas no trabalho, mas também nas escolas e em casa – e se os líderes reconhecerem a verdade da condição humana e os fundamentos científicos por trás de tudo isso, poderemos retornar ao nosso estado natural.

"A história humana sempre avançou na direção de uma liberdade maior. E existe um motivo para isso: porque é da nossa natureza", explica Ryan. "Se fôssemos assim tão moldáveis como [certas] pessoas pensam, isso não estaria ocorrendo. Mas uma pessoa se posta diante de um tanque na China. As mulheres, que tinham sua autonomia negada, insistem em defender seus direitos. Esse é o rumo da história. É por isso que a natureza humana, caso um dia aflore plenamente, se tornará mais autônoma."

CAPÍTULO 5

Excelência

*Não é preciso ver o que alguém está fazendo
para saber se é sua vocação,*

*basta observar seus olhos:
um cozinheiro preparando um molho,*

*um cirurgião fazendo uma incisão primária,
um funcionário preenchendo um conhecimento de embarque,*

*todos têm a mesma expressão arrebatada, esquecendo
a si mesmos em uma função.*

*Quão bonita é
essa visão de olho-no-objeto.*

—W. H. Auden

Numa manhã de verão de 1944, Mihaly Csikszentmihalyi, então com 10 anos, estava numa plataforma de trem em Budapeste, Hungria, com a mãe, dois irmãos e uns setenta parentes que foram se despedir. A Segunda Guerra Mundial estava a pleno vapor e a Hungria, um membro ambivalente do Eixo, estava sendo pressionada de cada canto político e geográfico. Soldados nazistas ocupavam o país em retaliação pelas negociações de paz que a Hungria vinha conduzindo secretamente com os Estados Unidos e a Grã-Bretanha. Ao mesmo tempo, tropas soviéticas avançavam sobre a capital.

Estava na hora de partir. Assim, os quatro embarcaram num trem para Veneza, Itália, onde trabalhava o pai de Csikszentmihalyi, um diplomata. Enquanto o trem ribombava nos trilhos, bombas explodiam ao longe. Balas despedaçavam as janelas do trem e um soldado a bordo, empunhando um rifle, contra-atacava. O menino de 10 anos se agachou sob o assento, aterrorizado mas também um pouco irritado.

"Ocorreu-me àquela altura que os adultos não tinham a menor ideia de como viver", Csikszentmihalyi me relatou, cerca de 65 anos depois.

Aquele trem acabaria sendo o último a cruzar o rio Danúbio por muitos anos. Pouco após sua partida, ataques aéreos destruíram as principais pontes da Hungria. Os Csikszentmihalyi eram bem instruídos e bem relacionados, mas a guerra os devastou. Dos familiares presentes na plataforma de trem naquela manhã, mais da metade estaria morta cinco meses depois. Um dos irmãos de Csikszentmihalyi passou seis anos realizando trabalhos forçados nos montes Urais, outro foi morto combatendo os soviéticos.

"A experiência toda me fez pensar", me disse Csikszentmihalyi, rememorando seu eu aos 10 anos. "Deve existir uma maneira melhor de viver."

DA OBEDIÊNCIA AO ENGAJAMENTO

O contrário de autonomia é controle. E, como estão em polos diferentes da bússola comportamental, apontam para destinos diferentes. O controle leva à obediência; a autonomia leva ao engajamento.

E essa distinção leva ao segundo elemento do comportamento Tipo I: excelência – o desejo de melhorar cada vez mais em algo de relevância.

Como expliquei na Parte Um, o objetivo da Motivação 2.0 era encorajar as pessoas a fazerem coisas específicas de maneiras específicas – ou seja, fazer com que obedecessem. E, para esse objetivo, poucos motivadores são mais eficazes do que umas bonitas cenouras e a ameaça de um chicote ocasional. Claro que esse raramente era um caminho promissor para a autorrealização, mas, como estratégia econômica, tinha certa lógica. Para tarefas rotineiras, o tipo de trabalho que definiu grande parte do século XX, obter obediência geralmente funcionava bem.

Mas os tempos eram outros. Para as tarefas definidoras do século XXI, tal estratégia deixa a desejar, às vezes terrivelmente. Solucionar problemas complexos exige uma mente curiosa e a disposição de abrir caminhos experimentais para uma solução nova. Enquanto a Motivação 2.0 buscava a obediência, a Motivação 3.0 busca o engajamento. Somente o engajamento pode levar à excelência. E a busca pela excelência, uma parte importante mas muitas vezes dormente de nosso terceiro impulso, tornou-se essencial para termos sucesso na economia atual.

Infelizmente, apesar de palavras tentadoras – como "empoderamento" – que pairam pelos corredores corporativos, a característica mais notável do local de trabalho moderno talvez seja sua falta de engajamento e seu desdém pelo aperfeiçoamento. A ampla pesquisa da Gallup sobre o tema mostra que, nos Estados Unidos, mais de 50% dos funcionários não estão engajados no trabalho – e quase 20% estão ativamente desengajados. O custo de toda essa desmotivação? Cerca de 300 bilhões de dólares ao ano em produtividade perdida – soma maior que o PIB de Portugal, Cingapura ou Israel.[1] No entanto, se formos relativizar essa constatação, os Estados Unidos parecem um verdadeiro oásis do comportamento Tipo I no trabalho. Pois, de acordo com a consultoria McKinsey & Co., em alguns países apenas 2% a 3% da força de trabalho estão altamente engajados no emprego.[2]

Outro aspecto importante é que o engajamento como caminho para a excelência é uma força poderosa em nossa vida pessoal. Embora a obediência possa ser uma estratégia eficaz para a sobrevivência física, é péssima para a autorrealização. Levar uma vida satisfatória requer mais que simplesmente atender às exigências daqueles que estão no controle. No entanto, em nossos escritórios e salas de aula, temos obediência de mais e engajamento de menos. A obediência pode mantê-lo em atividade durante o dia, mas somente o engajamento o mantém assim à noite. O que nos traz de volta à história de Csikszentmihalyi.

No início da adolescência, após testemunhar as atrocidades da Alemanha nazista e a tomada soviética de seu país, Csikszentmihalyi estava compreensivelmente cansado da obediência e em busca de engajamento. Mas não o encontrava na escola. Abandonou o colégio aos 13 anos. Por quase uma década, trabalhou em vários países da Europa Ocidental em uma série de empregos, um mais estranho que outro, para se sustentar. E, na esperança de encontrar a resposta à sua pergunta juvenil sobre uma forma melhor de viver, lia tudo em que conseguia pôr as mãos sobre religião e filosofia. O que aprendeu não o satisfez. Só quando foi parar inadvertidamente numa palestra de ninguém menos que Carl Jung é que ele tomou conhecimento da psicologia, e decidiu que esse campo poderia conter os segredos que buscava.

Assim, em 1956, aos 22 anos, Csikszentmihalyi partiu para os Estados Unidos a fim de estudar psicologia. Chegou a Chicago como um jovem sem nem ensino médio, com 1,25 dólar no bolso e cuja única familiaridade com o idioma inglês vinha de ler as tiras de quadrinhos de Pogo. Contatos húngaros em Chicago o ajudaram a arranjar um emprego e um lugar onde morar. Seus conhecimentos de latim, alemão e Pogo o ajudaram a passar no teste de equivalência do ensino médio de Illinois, numa língua que ele nem falava nem lia. Matriculou-se na Universidade de Illinois, Chicago; assistia às aulas durante o dia, trabalhava como auditor de hotel à noite e foi parar no departamento de psicologia da Universidade de Chicago, onde – apenas nove anos após ter posto os pés no continente americano – obteve um Ph.D.

Mas Csikszentmihalyi resistiu a seguir as correntes principais de seu campo. Como me contou certa manhã de primavera não faz muito tempo, ele queria explorar "a abordagem positiva, inovadora, criativa da vida em vez da visão corretiva e patológica de Sigmund Freud ou o trabalho mecanicista" de B. F. Skinner, que reduzia o comportamento a simples estímulos e respostas. Começou a escrever sobre criatividade. A criatividade levou-o ao estudo da diversão. E sua exploração da diversão desvendou um fato sobre a experiência humana que o tornaria famoso.

Durante momentos de diversão, muitas pessoas desfrutavam o que Csikszentmihalyi chamou de "experiências autotélicas" – do grego *autós* (eu) e *télos* (meta ou propósito). Numa experiência autotélica, a meta é autorrealizável. A atividade é a própria recompensa. Pintores que ele observou durante sua pesquisa de Ph.D., relatou Csikszentmihalyi, estavam tão absortos no que faziam que pareciam em transe. Para eles, o tempo passava rápido e o olhar do outro se dissolvia. Ele procurou outras pessoas atraídas por esses tipos de atividade – praticantes de escalada, jogadores de futebol, nadadores, exploradores de cavernas – e os entrevistou para descobrir o que tornava autotélica uma atividade. Foi frustrante. "Quando as pessoas tentam lembrar a sensação de escalar uma montanha ou tocar uma grande peça musical", Csikszentmihalyi mais tarde

> *"Durante toda a minha carreira no atletismo, a meta era, acima de tudo, sempre ser um atleta melhor do que eu era no momento – fosse na semana seguinte, no mês seguinte ou no ano seguinte. Melhorar era a meta. A medalha era simplesmente a recompensa maior por atingir aquela meta."*
>
> SEBASTIAN COE
> Corredor de média distância e duas vezes ganhador da medalha de ouro olímpica

escreveu, "suas histórias costumam ser estereotipadas e pouco reveladoras."[3] Ele precisava de um meio de sondar as experiências das pessoas durante o momento. E, em meados da década de 1970, uma nova e ousada tecnologia – que qualquer adolescente de 12 anos hoje acharia comicamente retrógrada – veio em seu socorro: o pager eletrônico.

Csikszentmihalyi, que então lecionava na Universidade de Chicago e dirigia o próprio laboratório de psicologia, recorreu ao pager, pedindo que seus estudantes de pós-graduação enviassem um bip aleatoriamente várias vezes ao dia. Sempre que o pager soava, ele registrava o que estava fazendo e como se sentia. "Foi tão divertido", recordou em seu escritório na Claremont Graduate University, no sul da Califórnia, onde hoje leciona. "Dava para obter um quadro muito detalhado de como as pessoas viviam." Com base naquela rodada de teste, ele desenvolveu uma metodologia chamada Método de Amostragem da Experiência. Csikszentmihalyi contatava as pessoas via pager oito vezes por dia em intervalos aleatórios e pedia que anotassem num caderno suas respostas a diversas perguntas curtas sobre o que estavam fazendo, com quem estavam e como descreveriam seu estado de espírito. Reunindo as informações de sete dias, ele tinha um minifilme da semana de alguém. E, reunindo as informações individuais, tinha uma biblioteca inteira de experiências humanas.

Com base nesses resultados, Csikszentmihalyi começou a descascar as camadas daquelas experiências autotélicas. Talvez igualmente importante, ele substituiu esse complicado adjetivo de origem grega por uma palavra que vira pessoas usando para descrever aqueles momentos de imersão máxima: fluxo. As experiências mais elevadas e satisfatórias na vida das pessoas ocorriam quando elas estavam em fluxo. E aquele estado mental antes não reconhecido, que parecia tão inescrutável e transcendente, era na verdade razoavelmente fácil de analisar. No fluxo, as metas são claras: você precisa alcançar o topo da montanha, lançar a bola na cesta ou moldar a argila corretamente. O feedback é instantâneo. O topo da montanha fica mais perto ou mais longe, a bola entra ou não na cesta, o vaso que você está moldando fica uniforme ou irregular.

E o mais importante é que, no fluxo, o relacionamento entre o que uma pessoa tinha que fazer e o que conseguia fazer era perfeito. O desafio não era fácil demais nem difícil demais. Estava um grau ou dois além das competências atuais da pessoa, forçando corpo e mente de tal modo que o próprio esforço se tornava a recompensa mais deliciosa. Aquele equilíbrio produzia um grau de foco e satisfação que facilmente ultrapassava outras experiências mais corriqueiras. No fluxo, as pessoas viviam tão profundamente o momento e se sentiam tão plenamente no controle que a sensação de tempo, lugar e mesmo do próprio eu desaparecia. Elas eram autônomas, é claro. Porém, mais do que isso, estavam engajadas. Estavam, como escreveu o poeta W. H. Auden, "esquecendo a si mesmas em uma função".

Talvez aquele estado de espírito fosse o que aquele menino de 10 anos estava buscando enquanto o trem atravessava a Europa. Talvez alcançar o fluxo, não por um só momento, mas como uma ética para a vida – conservar aquela bonita "visão de olho-no--objeto" para alcançar a excelência como cozinheiro, cirurgião ou balconista –, fosse a resposta. Talvez aquela fosse a maneira certa de viver.

CACHINHOS DOURADOS NUM NAVIO CARGUEIRO

Vários anos atrás (ele não lembra exatamente quando), Csikszentmihalyi foi convidado a ir a Davos, Suíça, por Klaus Schwab, que dirige uma reunião anual da elite do poder global na cidade. Ele foi junto com três outros membros do corpo docente da Universidade de Chicago – Gary Becker, George Stigler e Milton Friedman –, todos economistas, todos vencedores do Prêmio Nobel. Os cinco jantaram juntos uma noite e, ao final da refeição, Schwab perguntou aos acadêmicos qual questão consideravam a mais importante na economia moderna.

"Para minha completa surpresa", contou-me Csikszentmihalyi, "Becker, Stigler e Friedman mencionaram alguma variação de 'Algo está faltando'", isto é, mesmo com todo o seu poder explicativo, a economia ainda não conseguia oferecer uma explicação suficientemente rica do comportamento humano, mesmo em ambientes empresariais.

Csikszentmihalyi sorriu e os elogiou pela perspicácia. O conceito de fluxo, que ele introduziu em meados da década de 1970, não teve repercussão imediata. Ganhou certa força em 1990, quando Csikszentmihalyi escreveu seu primeiro livro sobre o assunto para um público amplo e conquistou um pequeno grupo de seguidores no mundo empresarial. Entretanto, pôr essa ideia em prática nas operações reais de organizações reais tem sido ainda mais lento. Afinal, a Motivação 2.0 tem pouca margem para um conceito como o fluxo. O sistema operacional Tipo X não se opõe a que as pessoas enfrentem desafios ideais no serviço, mas sugere que esses momentos

> *"O desejo de fazer algo porque você acha profundamente gratificante e pessoalmente desafiador inspira os mais altos níveis de criatividade, seja nas artes, nas ciências ou nos negócios."*
>
> TERESA AMABILE
> Professora da Universidade Harvard

são acasos felizes, e não condições necessárias para as pessoas realizarem um ótimo serviço.

Mesmo devagar, contudo, a situação talvez esteja mudando. Como revelam os dados do capítulo anterior sobre a desmotivação dos trabalhadores, os custos – em satisfação humana e saúde organizacional – são altos quando um local de trabalho é uma zona sem fluxo. Por isso algumas empresas vêm tentando fazer as coisas de forma diferente. Como observou a revista *Fast Company*, uma série de empresas, entre as quais Microsoft, Patagonia e Toyota, perceberam que criar ambientes favoráveis ao fluxo, que propiciem o aperfeiçoamento, pode aumentar a produtividade e a satisfação no trabalho.[4]

Por exemplo, Stefan Falk, um vice-presidente da Ericsson, a empresa de telecomunicações sueca, usou os princípios do fluxo para facilitar uma fusão das unidades de negócios. Ele convenceu os gestores a configurarem atribuições de modo que os funcionários tivessem objetivos claros e um meio de obter feedback rápido. Em vez de se reunirem com seus subordinados para análises de desempenho anuais, os gestores se sentavam com os funcionários um por um, seis vezes ao ano, em conversas que muitas vezes chegavam a durar uma hora e meia, para discutir seus níveis de engajamento e o caminho para a excelência. A estratégia centrada no fluxo funcionou tão bem que a Ericsson começou a adotá-la em escritórios por todo o mundo. Depois disso, Falk foi para a Green Cargo, uma grande empresa de logística e expedição na Suécia, na qual desenvolveu um método de ensinar aos gestores como o fluxo funciona. Depois, ele exigiu que se reunissem com a equipe uma vez por mês para terem uma ideia do engajamento – se as pessoas estavam sobrecarregadas ou desinteressadas no trabalho – e ajustarem a divisão de tarefas de modo que as ajudassem a encontrar o fluxo. Após dois anos de reformulação, a estatal Green Cargo tornou-se rentável pela primeira vez em 125 anos – e os executivos citam o novo sistema, centrado no fluxo, como o maior impulsionador dessa conquista.[5]

Outro caso interessante é o de um estudo que avaliou 11 mil cientistas e engenheiros industriais de empresas americanas e descobriu que o desejo de desafio intelectual – isto é, a ânsia por dominar algo novo e envolvente – era o melhor indicador de produtividade. Cientistas motivados por esse desejo intrínseco registravam bem mais patentes do que aqueles cuja motivação principal era o dinheiro, mesmo controlando o esforço despendido por cada grupo[6] (ou seja, o grupo movido a motivações extrínsecas trabalhou a mesma quantidade de horas e despendeu o mesmo esforço que seus colegas mais Tipo I, só que realizou menos – talvez porque passasse menos tempo em fluxo).

E há também a história de Jenova Chen, um jovem designer de jogos que em 2006 escreveu sua dissertação de mestrado sobre a teoria de Csikszentmihalyi. Chen acreditava que videogames cumpriam a promessa de fornecer experiências de fluxo perfeitas, mas que muitos dos jogos exigiam um nível de empenho quase obsessivo. Então ele pensou: por que não criar um jogo que traga a sensação de fluxo a jogadores mais casuais? Usando em seu laboratório o projeto de sua dissertação, Chen criou um jogo em que os jogadores usam o mouse para guiar na tela um organismo tipo ameba por uma paisagem oceânica surreal enquanto devora outras criaturas e lentamente evolui para uma forma superior. Enquanto a maioria dos jogos exige que os jogadores avancem por uma série fixa e predeterminada de níveis de habilidade, o de Chen permite que avancem e explorem como bem desejarem. E, ao contrário dos jogos em que a sessão é encerrada se o jogador não cumpre o objetivo, no jogo de Chen o jogador apenas é levado a um nível mais adequado às suas habilidades. Chen chamou seu jogo de flOw. E tem sido um enorme sucesso. A versão on-line gratuita já recebeu mais de três milhões de acessos (você pode encontrá-lo em http://thatgamecompany.com/flow/). A versão paga, desenvolvida para o PlayStation, teve mais de 350 mil downloads e conquistou uma estante de prêmios. Chen usou o jogo para criar sua empresa, Thatgamecompany, desenvolvida em torno do fluxo e do flOw e que rapidamente fechou um contrato de desenvolvimento de três jogos para a Sony, algo quase inédito para uma startup desconhecida fundada por alguns designers de games californianos de 26 anos.

A Green Cargo, a Thatgamecompany e as empresas que empregam cientistas criadores de patentes geralmente usam duas táticas que seus concorrentes menos astutos não usam. Primeira, fornecem aos funcionários o que chamo de "tarefas Cachinhos Dourados": desafios que não são quentes nem frios demais, nem exageradamente difíceis, nem exageradamente simples. Uma fonte de frustração no local de trabalho é a incompatibilidade entre o que as pessoas precisam fazer e o que elas conseguem fazer. Quando o que precisam fazer excede suas capacidades, o resultado é ansiedade. Quando o que precisam fazer está aquém de suas capacidades, o resultado é o tédio (tanto que o primeiro livro de Csikszentmihalyi sobre a experiência autotélica se intitula *Beyond Boredom and Anxiety* (Além do tédio e da ansiedade). Mas, quando a combinação está correta, os resultados podem ser gloriosos. Essa é a essência do fluxo. Tarefas Cachinhos Dourados oferecem a experiência poderosa de viver no fio da navalha entre ordem e desordem, de – como o pintor Fritz Scholder certa vez descreveu – "caminhar na corda bamba entre acaso e disciplina".

A segunda tática usada por organizações inteligentes para estimular o fluxo e aumentar as oportunidades de aperfeiçoamento de seus funcionários é desencadear o lado positivo do Efeito Sawyer. No Capítulo 2, vimos que recompensas extrínsecas conseguem transformar diversão em trabalho. Mas também é possível fazer a corrente fluir na direção oposta – e transformar trabalho em brincadeira. Algumas tarefas no trabalho não fornecem automaticamente momentos de fluxo, mas precisam ser feitas. Assim, as empresas mais sagazes fornecem aos funcionários a liberdade de esculpirem seus trabalhos de modo a trazerem um pouco de fluxo a tarefas normalmente triviais. Amy Wrzesniewski e Jane Dutton, duas professoras de escolas de negócios, estudaram esse fenômeno entre faxineiros de hospital, enfermeiras e cabeleireiras. Descobriram, por exemplo, que alguns membros da equipe de limpeza em hospitais, em vez de realizarem o mínimo exigido pelo emprego, assumiam tarefas novas – desde conversar com pacientes a ajudar as enfermeiras. Acrescentar esses desafios mais absorventes aumentava a satisfação daqueles faxineiros e reforçava a visão que tinham das próprias competências. Ao reenquadrarem aspectos de suas tarefas, contribuíam para tornar o trabalho mais divertido e mais genuíno. "Mesmo em serviços de baixa autonomia", escrevem Wrzesniewski e Dutton, "os funcionários podem criar novos domínios para a excelência."[7]

AS TRÊS LEIS DA EXCELÊNCIA

O fluxo é essencial à excelência. Mas não é uma garantia, porque os dois conceitos operam em diferentes horizontes de tempo. Um acontece num momento; o outro se desenrola no decorrer de meses, anos, às vezes décadas. Você e eu podemos alcançar o fluxo amanhã de manhã – mas nenhum de nós dois alcançará a excelência da noite para o dia.

Então como podemos contar com o fluxo na busca por algo que seja mais profundo e duradouro? O que podemos fazer para nos aproximarmos da excelência, um dos elementos-chave do comportamento Tipo I, em nosso trabalho e em nossa vida pessoal? Estudiosos do comportamento ofereceram algumas respostas iniciais a essas perguntas – e suas descobertas indicam que a excelência segue três regras um tanto peculiares.

Excelência é um mindset

Como em tantas coisas na vida, a busca pela excelência está toda na nossa cabeça. Ao menos foi o que Carol Dweck descobriu.

Dweck, professora de psicologia na Universidade de Stanford, vem estudando a motivação e realização em crianças e jovens adultos há quase quarenta anos, acumulando um corpo de pesquisas empíricas rigorosas que a tornou uma estrela nas ciências do comportamento contemporâneas. Sua marca registrada é a ideia de que nossas crenças moldam o que conseguimos. Nossas crenças sobre nós mesmos e sobre a natureza de nossas capacidades – o que ela denomina de "teorias do eu" – determinam como interpretamos nossas experiências e podem estabelecer os limites do que realizamos. Embora suas pesquisas examinem sobretudo noções de "inteligência", suas descobertas se aplicam com a mesma força à maioria das capacidades humanas. E geram a primeira lei da excelência: Excelência é um mindset.

De acordo com Dweck, as pessoas podem ter duas visões diferentes da própria inteligência. Aquelas com uma "teoria da entidade" acreditam que a inteligência é exatamente isso, uma entidade, algo com existência independente. Ela existe dentro de nós, sendo um suprimento finito que não pode-

"Descubra para si mesmo em que você quer realmente ser exímio, saiba que nunca ficará realmente satisfeito por ter conseguido e aceite isso."

ROBERT B. REICH
Ex-secretário do
Trabalho dos EUA

mos aumentar. Aquelas que endossam uma "teoria incremental" adotam uma visão diferente; acreditam que, conquanto a inteligência possa variar ligeiramente de uma pessoa para outra, é, em última análise, algo que com esforço podemos aumentar. Fazendo uma analogia com qualidades físicas, os teóricos incrementais consideram a inteligência como algo tipo força (quer ficar mais forte e mais musculoso? Comece a levantar pesos), enquanto os teóricos da entidade a veem mais como algo tipo altura (quer ficar mais alto? Azar o seu).* Se você acredita que a inteligência tem uma quantidade fixa, então cada encontro educacional e profissional se torna uma medição. Se você acredita que a inteligência é algo possível de aumentar, os mesmos encontros se tornam oportunidades de crescimento. Na primeira visão, inteligência é algo que se demonstra; na segunda, é algo que se desenvolve.

As duas teorias do eu conduzem por dois caminhos bem diferentes: um conduz à excelência; o outro, não. Por exemplo, consideremos as metas. Dweck diz que existem duas variedades delas: metas de desempenho e metas de aprendizado. Tirar nota 10 na aula de francês é uma meta de desempenho; ser capaz de falar francês é uma meta de aprendizado. "Ambas as metas são inteiramente normais e praticamente universais", afirma Dweck, "e ambas podem levar à realização."[8] Mas somente uma leva à excelência. Em diversos estudos, Dweck constatou que dar a crianças uma meta de desempenho (digamos, tirar nota alta numa prova) era eficaz para problemas relativamente objetivos, mas com frequência inibia a capacidade das crianças de aplicar os conceitos a situações novas. Por exemplo, em um estudo, Dweck e outro pesquisador pediram a alunos dos últimos anos do ensino fundamental que aprendessem determinados princípios científicos, dando a metade

---

* Em seu livro *Mindset: A nova psicologia do sucesso*, de 2016, que recomendo no Kit de Ferramentas do Tipo I, Dweck se refere a essas duas visões como o "mindset fixo" e o "mindset de crescimento".

deles uma meta de desempenho e à outra metade uma meta de aprendizado. Depois que os dois grupos demonstraram haver compreendido o material, os pesquisadores pediram aos estudantes que aplicassem seus conhecimentos a um conjunto novo de problemas, relacionados mas não idênticos ao que haviam acabado de estudar. Os alunos com metas de aprendizado tiveram notas bem mais altas naqueles desafios novos. Eles também se esforçaram por mais tempo e tentaram mais soluções. Como escreve Dweck: "Com um objetivo de aprendizado, os estudantes não precisam sentir que já são bons em algo a fim de perseverarem e continuarem tentando. Afinal, sua meta é aprender, não provar que são inteligentes."[9]

Realmente, as duas teorias do eu têm visões bem diferentes do esforço. Para os teóricos incrementais, o esforço é positivo. Como acreditam que a capacidade é maleável, veem o empenho como um meio de melhorar. Em contraste, diz Dweck, "a teoria da entidade [...] é um sistema que requer um regime de sucessos fáceis". Nesse esquema, se você precisa se esforçar, significa que não é muito exímio. As pessoas, portanto, escolhem metas fáceis que, quando atingidas, afirmam suas capacidades existentes, mas fazem pouco para expandi-las. Em certo sentido, os teóricos da entidade querem parecer excelentes em algo sem realizar o esforço para alcançar a excelência.

Finalmente, os dois tipos de pensamento desencadeiam reações contrastantes à adversidade: uma que Dweck chama de "impotente" e outra de "orientada para a excelência". Em um estudo com estudantes do quinto e do sexto ano, Dweck deu aos alunos oito problemas conceituais que eram capazes de resolver, seguidos de quatro que não eram (porque as perguntas eram avançadas demais para crianças daquela idade). Os alunos que endossavam a ideia de que o poder cerebral é fixo desistiram rapidamente dos problemas difíceis e culparam sua (falta de) inteligência. Já os alunos com uma mentalidade mais expansiva continuaram se esforçando apesar das dificuldades e aplicaram estratégias bem mais inventivas para achar as soluções. Em que aqueles estudantes jogaram a culpa por não conseguirem resolver os problemas mais difíceis? "A resposta, que nos surpreendeu, foi que não culparam nada", diz Dweck. Os jovens reconheciam que reveses eram inevitáveis no caminho para o aperfeiçoamento e que podiam até ser sinalizações na jornada rumo à excelência.

As observações de Dweck se correlacionam perfeitamente com as distinções comportamentais subjacentes à Motivação 2.0 e à Motivação 3.0. O comportamento Tipo X tende a defender a teoria da inteligência como entidade, prefere metas de desempenho a metas de aprendizado e desdenha do esforço como sinal de fraqueza. O comportamento Tipo I possui uma teoria incremental da inteligência, valoriza metas de aprendizado em detrimento de metas de desempenho e acolhe o esforço como uma maneira de se desenvolver em algo de relevância. Comece com o primeiro mindset e a excelência é impossível; comece com o outro e pode ser inevitável.

Excelência é sofrimento

Todo ano, cerca de 1.200 jovens americanos, entre homens e mulheres, chegam à Academia Militar dos Estados Unidos em West Point para começar quatro anos de estudos e assumir seu lugar na lendária *"long gray line"* (longa fila cinza), que é o conjunto de todos os graduados, em todos os tempos, por essa instituição de elite. Mas, antes que qualquer um deles veja uma sala de aula, todos passam por sete semanas de Treinamento Básico de Cadete – também conhecido como "Beast Barracks" (Alojamentos das Feras). No fim do verão, um em cada vinte desses jovens adultos talentosos e dedicados desiste. Um grupo de acadêmicos – dois de West Point, outro da Universidade da Pensilvânia e um quarto da Universidade de Michigan – quis entender por que alguns estudantes continuavam na rota rumo à excelência militar e outros pegavam a primeira saída.

Seria a força física e a destreza atlética? O intelecto? A capacidade de liderança? Uma boa formação escolar?

> "Tente escolher uma profissão em que você goste de fazer mesmo as partes mais triviais e chatas. Aí você será sempre feliz."
>
> WILL SHORTZ
> Guru dos quebra-cabeças

Nada disso. O melhor indicador de sucesso, segundo os pesquisadores descobriram, eram as classificações dos cadetes potenciais em um traço não cognitivo e não físico conhecido como "determinação" – definida como "perseverança e paixão por metas de longo prazo".[10] A experiência daqueles oficiais treinandos confirma a segunda lei da excelência: Excelência é sofrimento.

Por mais maravilhoso que seja o fluxo, a estrada para a excelência – tornar-se cada vez melhor em algo importante para você – não é repleta de margaridas nem coroada por um arco-íris. Se fosse assim, a maioria das pessoas tomaria esse caminho. A excelência dói. Às vezes – muitas vezes – não é lá muito divertida. Essa é uma lição do trabalho do psicólogo Anders Ericsson, cujas pesquisas revolucionárias sobre o desempenho exímio forneceram uma nova teoria do que promove a excelência. Em suas palavras, "muitas características antes consideradas reflexos do talento inato são na verdade resultado de intensa prática por um mínimo de dez anos".[11] A excelência – nos esportes, na música, nos negócios – exige esforço (é difícil, dolorosa, torturante, esgotante) por um longo período (não uma semana nem um mês, mas uma década).[12]

O sociólogo Daniel Chambliss se referiu a isso como "a rotina da excelência". Assim como Ericsson, Chambliss descobriu – em um estudo de três anos com nadadores olímpicos – que aqueles com melhor desempenho geralmente dedicavam a maior parte de seu tempo e energia às atividades rotineiras que os preparavam para as competições.[13] É a mesma razão pela qual, em outro estudo, os pesquisadores sobre os cadetes em treinamento descobriram que a determinação, mais que o QI ou notas em testes padronizados, é o indicador mais preciso das notas na faculdade. Eles explicaram: "Enquanto a importância de se esforçar mais é facilmente apreendida, a importância de se esforçar por mais tempo sem abrir mão de seus objetivos pode ser menos perceptível [...] em todos os campos, a determinação pode ser tão essencial quanto o talento para grandes realizações."[14]

O fluxo se encaixa nesse quadro de duas maneiras. Se as pessoas tiverem consciência do que as coloca em fluxo, saberão mais claramente a que devem dedicar mais tempo para se aperfeiçoarem. E esses momentos de fluxo enquanto buscam a excelência podem ajudar nos momentos difíceis. No final, porém, a excelência envolve dedicar esforços e mais esforços e perceber pouca melhoria, talvez com uns poucos momentos de fluxo o impelindo, depois pouco progresso, e depois empregar novos esforços naquele nível novo, ligeiramente mais alto. É exaustivo, com certeza. Mas esse não é o problema, é a solução.

Como diz Carol Dweck: "O esforço é uma das coisas que dão sentido à vida. Esforço significa que você se importa com algo, que algo é importante para você e que você está disposto a trabalhar por aquilo. A existência humana seria pobre se não estivéssemos dispostos a valorizar certas coisas e nos empenharmos por elas."[15]

Outro médico, sem um Ph.D. mas com uma placa na Galeria da Fama do Basquete em Springfield, Massachusetts, fez uma observação semelhante. "Ser um profissional é fazer as coisas que você adora fazer nos dias em que não está com vontade de fazê-las", afirmou Julius Erving.[16]

A excelência é uma assíntota

Para entender a última lei da excelência, é preciso saber um pouco de álgebra e um pouco de história da arte.

Da álgebra, você talvez se lembre do conceito de assíntota. Se não, pode ser que o reconheça abaixo. Uma assíntota (neste caso, uma assíntota horizontal) é uma linha reta da qual uma linha curva se aproxima, sem nunca alcançá-la.

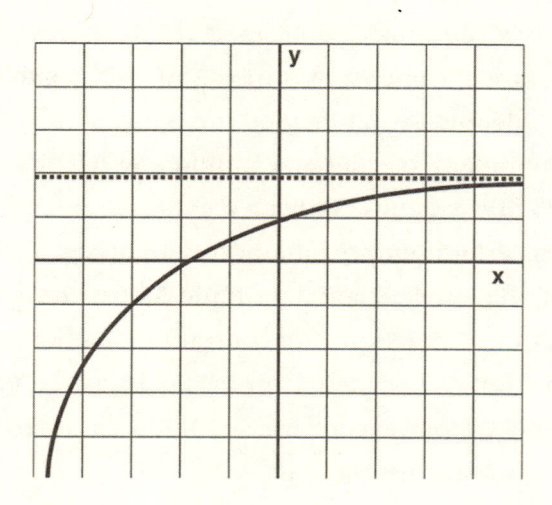

Da história da arte, talvez você se lembre de Paul Cézanne, pintor francês do século XIX. Não precisa lembrar muito – apenas aquilo que o tornou notável aos olhos dos críticos de arte e estudiosos. As pinturas mais importantes de Cézanne foram produzidas no fim de sua vida. E uma razão para isso, de acordo com o economista da Universidade de Chicago David Galenson, que estudou a carreira de diversos artistas, é que ele estava incessantemente tentando realizar seu melhor trabalho. Sobre Cézanne, um crítico escreveu:

A derradeira síntese de um desenho nunca era revelada imediatamente. Pelo contrário, ele se aproximava dela com precauções infinitas, espreitando-a, por assim dizer, ora de um ponto de vista, ora de outro. [...] Para ele, a síntese era uma assíntota da qual estava se aproximando, sem nunca alcançá-la de fato.[17]

Esta é a natureza da excelência: A excelência é uma assíntota.

Você pode se aproximar dela. Pode se voltar para ela. Pode chegar perto, bem perto dela. Mas, como Cézanne, nunca conseguirá tocá-la. A excelência é impossível de se concretizar plenamente. Tiger Woods, talvez o maior golfista de todos os tempos, disse claramente que pode – que deve – melhorar. Disse isso quando era amador. Dirá depois de sua melhor competição ou ao final de sua melhor temporada. Ele está perseguindo a excelência. Isso é bem conhecido. O que é menos conhecido é que ele entende que nunca chegará lá. Ela estará sempre pairando além de seu alcance.

A assíntota da excelência é uma fonte de frustração. Por que ir atrás de algo que você nunca encontrará plenamente? Mas ela é também uma fonte de atração. Por que não buscá-la? O prazer está na busca, mais do que na realização. No final, a excelência atrai precisamente porque nos escapa.

O OXIGÊNIO DA ALMA

Os pacientes estavam exibindo os sinais de alerta de transtorno de ansiedade generalizada, um transtorno mental que afeta cerca de 3% da população adulta. De acordo com o *Manual diagnóstico e estatístico de transtornos mentais* (DSM-4), a presença de quaisquer três sintomas dos seis enumerados a seguir indica um possível grave problema:

- Inquietação, nervosismo ou tensão
- Fadiga

- Dificuldade de concentração ou esquecimentos
- Irritabilidade
- Tensão muscular
- Distúrbios do sono

Aqueles homens e mulheres pareciam casos de livros-textos. Uma pessoa que antes transitava pela vida com tranquilidade agora se sentia "tensa, mais hostil, zangada e irritada". Outra relatou estar "mais irritada, inquieta" e sofrendo de "concentração reduzida". Uma terceira rabiscou esta autodescrição: "Dormi mal, inquieto, mais nervoso, mais defensivo." Algumas pessoas temiam que estivessem tendo um colapso nervoso. A mente de um deles estava tão turvada que o homem foi de encontro a um muro sem querer e quebrou os óculos.

Hora de visitar o psiquiatra ou tomar um remédio para ansiedade? Não. Estava na hora de as pessoas deixarem o fluxo voltar à vida delas. No início da década de 1970, Csikszentmihalyi realizou um experimento em que pediu às pessoas que registrassem tudo de "espontâneo" que faziam – ou seja, pequenas atividades realizadas não por obrigação ou para atingir um objetivo específico, mas por prazer. Depois, ele deu as seguintes instruções:

A partir de [manhã da data especificada], desde o momento em que você acordar até as nove da noite, gostaríamos que agisse de forma normal, fazendo todas as coisas que precisa fazer, mas sem fazer nada que seja "divertido" ou "sem utilidade".

Em outras palavras, ele e a equipe de pesquisa orientaram os participantes a eliminar o fluxo de suas vidas. Pessoas que gostavam de aspectos de seu trabalho tiveram que evitar situações que pudessem desencadear prazer. Pessoas que adoravam exercícios físicos pesados tiveram que permanecer sedentárias. Uma mulher gostava de lavar louça, por sentir que estava fazendo algo construtivo, além de ter tempo para fantasiar livre de culpa; ela só poderia lavar louça quando fosse absolutamente necessário.

Os resultados foram quase imediatos. Já ao final do primeiro dia, os participantes "observaram maior lentidão em seu comportamento". Começaram a reclamar de dores de cabeça. A maioria relatou dificuldade de concentração, com "pensamentos em círculos sem chegar a lugar nenhum". Alguns se sentiam sonolentos, enquanto outros estavam agitados demais para dormir. Como escreveu Csikszentmihalyi, "após apenas dois dias de privação [...] os prejuízos ao estado de humor estavam tão avançados que seria desaconselhável prolongar o experimento".[18]

Dois dias. Aquelas 48 horas sem fluxo lançaram as pessoas em um estado assustadoramente similar a um grave distúrbio psiquiátrico. O experimento indica que o fluxo, a profunda sensação de engajamento exigida pela Motivação 3.0, não é um requinte. É uma necessidade. Precisamos dele para sobreviver. É o oxigênio da alma.

E uma das descobertas mais surpreendentes de Csikszentmihalyi é que as pessoas tendem a alcançar esse estado de fluxo bem mais no trabalho do que no lazer. O trabalho muitas vezes tem a estrutura de outras experiências autotélicas: metas claras, feedback imediato, desafios compatíveis com nossas habilidades. E, quando esses elementos estão presentes, não apenas o apreciamos mais como também o realizamos melhor. Daí ser tão estranho que as organizações tolerem ambientes de trabalho que privam um grande número de pessoas dessas experiências. Se oferecessem um pouco mais de tarefas Cachinhos Dourados, se procurassem meios de ativar o lado positivo do Efeito Sawyer, as empresas sairiam ganhando e ainda enriqueceriam nossas vidas.

Csikszentmihalyi percebeu essa realidade essencial mais de trinta anos atrás, quando escreveu: "Não há nenhum motivo para continuar acreditando que só a 'diversão' irrelevante pode ser prazerosa, enquanto os assuntos sérios da vida precisam ser suportados como uma pesada cruz. Quando percebermos que as fronteiras entre trabalho e diversão são artificiais, poderemos assumir o controle e começar a difícil tarefa de tornar a vida mais suportável."[19]

Agora, se queremos descobrir como fazer isso corretamente – como transformar a busca pela excelência em uma postura de vida –, dificilmente receberemos boa orientação na sala de reuniões da diretoria ou nos escritórios.

Durante um almoço, Csikszentmihalyi e eu conversamos sobre crianças. O início da vida é repleto de experiências autotélicas. As crianças transitam de um momento de fluxo para outro, animadas pela alegria, equipadas com um mindset de possibilidades e com a dedicação de um cadete da Academia Militar de West Point. Elas usam o cérebro e o corpo para sondar e extrair feedback do ambiente, numa incessante busca pela excelência.

Até que – em certo ponto da vida – param de fazê-lo. O que aconteceu?

"Começamos a nos envergonhar de agirmos de maneira infantil", explicou Csikszentmihalyi.

Que erro. Talvez você e eu – e todos os outros adultos encarregados das coisas – é que sejamos os imaturos. A questão remonta àquela viagem de trem em que Csikszentmihalyi refletia sobre como os adultos puderam ter cometido tantos erros. Nossas circunstâncias podem ser menos dramáticas, mas a observação não é menos condizente. Deixadas à vontade, Csikszentmihalyi diz, as crianças buscam o fluxo com a inevitabilidade de uma lei natural. Todos deveríamos fazer o mesmo.

CAPÍTULO 6

Propósito

Os estatísticos nos ensinaram que demografia é destino. E os Rolling Stones nos ensinaram que nem sempre conseguimos o que desejamos. O que não sabemos é o que acontece quando esses dois princípios indômitos se sentam para tomar uma bebida e se conhecerem melhor.

Já vamos descobrir.

Em 2006, os primeiros baby boomers começavam a chegar aos 60 anos. Nos aniversários de números redondos, as pessoas costumam parar, refletir e fazer um inventário de suas vidas. E descobri que, quando alcançam tal marco, os representantes dessa geração – seja nos Estados Unidos ou em outras partes – costumam passar por uma reação em três estágios.

No primeiro estágio, eles se perguntam: "Como foi que eu cheguei aos 60?" Quando seu hodômetro muda para 6-0, as pessoas costumam ficar surpresas e ligeiramente assustadas. Sessenta, pensam elas, é velho. Contabilizam seus arrependimentos e enfrentam a realidade de que Mick Jagger e sua turma estavam certos: de que nem sempre conseguiram o que desejaram.

É aí que começa o segundo estágio. No passado não tão distante assim, quem chegava aos 60 anos estava um tanto, bem, um tanto gasto. No início do século XXI, porém, qualquer pessoa com saúde suficiente para completar seis décadas vividas provavelmente ainda tem saúde suficiente para mais um bom tempo. De acordo com dados das Nações Unidas, um americano de 60 anos pode esperar ter ainda mais de vinte anos pela frente. Uma americana de 60 anos estará por aqui mais um quarto de século. No Japão, um homem de 60 anos deverá ultrapassar seu 82º aniversário, e uma mulher de 60, seu 88º. O padrão se repete em muitos outros países prósperos. França, Israel, Itália, Suíça, Canadá, etc. – se você atingiu a casa dos 60, é mais do que provável que viverá até a dos 80.[1] Essa constatação traz certo alívio. "Ufa", diz o baby boomer de Toronto ou Osaka, com um suspiro, "tenho mais umas décadas pela frente."

Mas o alívio dura pouco – porque, ao final do suspiro, a pessoa entra no terceiro estágio. Após compreenderem que podem dispor de mais 25 anos, os baby boomers de 60 olham para trás, para os últimos 25 anos (quando tinham 35), e um súbito pensamento lhes vem à cabeça: "Uau, isso foi bem rápido! Os próximos 25 também vão voar assim? Em caso positivo, quando vou fazer algo que importa? Quando vou viver minha melhor vida? Quando vou fazer uma diferença no mundo?"

Essas perguntas, recorrentes nas conversas de baby boomers por todo o mundo, podem soar sentimentalistas, mas estão ocorrendo num ritmo sem precedentes na civilização humana. Reflita: os baby boomers são o maior grupo demográfico na maioria das nações ocidentais, bem como em lugares como Japão, Austrália e Nova Zelândia. De acordo com o censo oficial norte-americano, somente os Estados Unidos possuem uns 78 milhões de baby boomers – o que significa que, em média, a cada ano mais de 4 milhões de americanos atingem esse aniversário que convida a um exame de consciência, a uma autoavaliação do percurso.[2] São mais de 11 mil pessoas a cada dia, mais de 450 por hora.

Em outras palavras, somente nos Estados Unidos, cem baby boomers chegam aos 60 anos a cada treze minutos.

A cada treze minutos, mais cem pessoas – representantes da geração mais abastada e instruída que o mundo já conheceu – começam a enfrentar sua mortalidade e a fazer perguntas profundas sobre o sentido da vida, o significado das coisas e o que realmente desejam.

Cem pessoas. A cada treze minutos. Todas as horas. De todos os dias. Até 2024.

Quando a frente fria da demografia encontra a frente quente dos sonhos irrealizados, o resultado é uma tempestade de propósito de um tipo que o mundo jamais viu.

O PROPÓSITO COMO MOTIVAÇÃO

As duas primeiras pernas do tripé do Tipo I, autonomia e excelência, são essenciais. Mas, para um equilíbrio apropriado, precisamos de um terceiro ponto de apoio: o propósito, que fornece um contexto para seus dois companheiros. Pessoas autônomas visando à excelência atuam em níveis altíssimos, mas aquelas que agem a serviço de um objetivo maior podem atingir ainda mais. As pessoas mais profundamente motivadas – sem falar naquelas que são mais produtivas e satisfeitas – atrelam seus desejos a uma causa maior do que elas próprias.

A Motivação 2.0, porém, não reconhece o propósito como um motivador. Não que o sistema operacional Tipo X não descarte o conceito, mas o relega à posição de ornamento – um belo acessório, se quiser usá-lo, desde que não atrapalhe o que realmente importa. No entanto, ao adotar essa visão, a Motivação 2.0 negligencia uma parte crucial de quem somos. Desde o momento em que os primeiros seres humanos contemplaram o firmamento, refletiram sobre seu lugar no Universo e tentaram criar algo que melhorasse o mundo e durasse mais que suas vidas, nós temos sido buscadores de propósito. "O propósito fornece energia de ativação para viver", disse-me Csikszentmihalyi em uma entrevista. "Acho que a evolução teve uma influência em selecionar pessoas que buscassem fazer algo que as transcendesse."

> *"Acredito sinceramente que uma forma nova de capitalismo está emergindo. Mais stakeholders (clientes, funcionários, acionistas e a comunidade mais ampla) querem que suas empresas [...] possuam um propósito maior que seu produto."*
>
> MATS LEDERHAUSEN
> Investidor e ex-executivo da McDonald's

A Motivação 3.0 busca resgatar esse aspecto da condição humana. Os baby boomers pelo mundo (devido ao estágio de vida em que se encontram e à grande quantidade deles) estão trazendo o propósito para mais perto do eixo central da nossa cultura. Em resposta, as empresas começaram a repensar como ele figura em suas atividades. "Como um catalisador emocional, a maximização da riqueza carece do poder para mobilizar plenamente as energias humanas", diz o guru da estratégia (e baby boomer) Gary Hamel.[3] Aqueles níveis espantosos de desmotivação dos trabalhadores que descrevi no capítulo anterior são acompanhados de uma tendência que as empresas estão apenas começando a reconhecer: um aumento igualmente acentuado no voluntariado, em especial nos Estados Unidos. Essas linhas divergentes – o engajamento remunerado diminuindo, o esforço não remunerado aumentando – indicam que o trabalho voluntário está saciando nas pessoas necessidades que o trabalho remunerado simplesmente não consegue saciar.

Estamos descobrindo que a motivação do lucro, por mais potente que seja, pode ser insuficiente tanto para indivíduos quanto para

> *"De uma forma curiosa, a velhice é mais simples que a juventude, por ter tão menos opções."*
>
> STANLEY KUNITZ
> Poeta americano

organizações. Uma fonte igualmente poderosa de energia, que com frequência negligenciamos ou ignoramos como irrealista, é o que poderíamos denominar "propósito como motivação". É a última grande distinção entre os dois sistemas operacionais. A Motivação 2.0 está centrada na maximização do lucro; a Motivação 3.0 não rejeita os lucros, mas põe ênfase igual na maximização do propósito. Vemos os primeiros sinais dessa nova motivação do propósito em três domínios da vida corporativa: metas, palavras e políticas.

Metas

Os baby boomers não estão cantando sozinhos em seu coro do propósito. A eles estão se juntando, com o mesmo hinário, seus filhos e filhas, conhecidos como Geração Y, millenials ou echo boomers. Esses jovens adultos, que recentemente começaram a entrar no mercado de trabalho, estão mudando o centro de gravidade nas organizações por sua simples presença. Como a autora Sylvia Hewlett descobriu em sua pesquisa, as duas últimas gerações "estão redefinindo o sucesso e estão dispostas a aceitar um repertório de recompensas radicalmente 'remixado'". Nenhuma dessas duas gerações considera o dinheiro a remuneração mais importante. Pelo contrário, elas escolhem uma série de fatores não monetários: de "uma ótima equipe" à "capacidade de retribuir à sociedade via trabalho".[4] Se não conseguem achar esse pacote gratificante de recompensas em alguma organização existente, elas começam um empreendimento próprio.

Veja o caso do millenial americano Blake Mycoskie e da TOMS Shoes, empresa que ele fundou em 2006. A TOMS não se enquadra direitinho nos escaninhos das empresas tradicionais e oferece sapatos de lona modernos e baixos. Mas a cada par que a TOMS vende para você, para mim ou para seu vizinho, ela doa outro, igualmente novo, para uma criança de um país em desenvolvimento. Será a TOMS uma instituição de caridade que financia sua operação com a venda de sapatos? Ou será uma empresa que sacrifica seus lucros para praticar o bem? Não é nenhuma das duas – e é ambas. A resposta é tão desconcertante que a TOMS Shoes teve que abordar a questão diretamente em seu site, sob a informação de como devolver um par que esteja grande demais. O site explica que a TOMS é "uma empresa com fins lucrativos com a doação em seu núcleo".

Entendeu? Não? Ok, vamos tentar assim: o modelo de negócios da empresa "transforma nossos clientes em benfeitores". Melhor? Talvez. Mais estranho? Com certeza. Empreendimentos como a TOMS obscurecem, talvez até estremeçam, as categorias existentes. Suas metas e seus meios de alcançá-las são tão incompatíveis com a Motivação 2.0 que, se a TOMS tivesse que depender desse sistema operacional do século XX, todo o empreendimento deixaria de funcionar e entraria em colapso no equivalente empresarial a uma tela azul da morte.

Já a Motivação 3.0 é expressamente construída para a maximização do propósito. Na verdade, a ascensão dos maximizadores do propósito é, antes, um dos motivos que tornam necessário o novo sistema operacional. Como expliquei no Capítulo 1, operações como a da TOMS estão na vanguarda de uma reformulação maior de como as pessoas organizam suas ações. Organizações "pró-benefício", corporações B e sociedades limitadas de baixo lucro reformulam as metas da empresa comercial tradicional. E todas estão se tornando predominantes à medida que uma nova estirpe de empreendedores busca o propósito com o mesmo fervor com que a teoria econômica tradicional diz que buscam o lucro. Mesmo as cooperativas – um modelo de negócios mais antigo com motivações que vão além da maximização do lucro – estão passando da desmazelada periferia para o badalado centro. De acordo com a autora Marjorie Kelly, nas últimas três décadas a participação mundial em cooperativas dobrou para 800 milhões de pessoas. Só nos Estados Unidos, existem mais membros de cooperativas do que acionistas na bolsa de valores. E a ideia está ganhando terreno. Na Colômbia, observa Kelly, a "SaludCoop presta serviços de assistência médica a um quarto da população. Na Espanha, a Mondragón Corporación Cooperativa é a sétima maior empresa industrial da nação".[5]

Essas empresas "com fins não apenas lucrativos" são bem diferentes das empresas "socialmente responsáveis" que foram a última moda nos últimos quinze anos mas que pouco cumpriram de suas promessas. O objetivo dessas empresas Motivação 3.0 não é obter lucros enquanto tentam permanecer éticas e cumprir a lei; seu objetivo é ter propósito – e usar o lucro como catalisador em vez de objetivo.

Palavras

No início de 2009, quando a economia mundial estava atordoada com uma dessas crises que ocorrem uma vez a cada geração e com as travessuras financeiras que a atiçaram, uns poucos alunos da Harvard Business School se olharam no espelho e se perguntaram se seriam eles o problema. As pessoas que aspiravam a ser – financistas e negociadores corporativos – não eram, ao que se revelou, heróis de uma lenda épica, mas vilões de uma história sombria. Muitos daqueles celebrados executivos foram responsáveis por levar o sistema financeiro ao desastre. Enquanto isso, aqueles jovens olhavam seus colegas de turma e viam as sementes de um comportamento semelhante. Em uma pesquisa feita com estudantes de MBA alguns anos antes, estonteantes 56% admitiram que trapaceavam regularmente.[6]

Assim, um punhado de segundanistas de Harvard, temendo que um antigo distintivo de honra houvesse se tornado motivo de vergonha, fizeram o que alunos de negócios são treinados a fazer: um plano. Juntos, forjaram o que chamaram de "O Juramento do MBA" – um juramento de Hipócrates para graduados de escolas de negócios, para que se comprometessem com causas acima e além do resultado financeiro. Não é um documento legal. É um código de conduta. E a conduta que ele recomenda, bem como as palavras usadas, inclinam-se mais para a maximização do propósito do que para a maximização do lucro.

Desde a primeira frase, o juramento traz ecos da Motivação 3.0: "Como gerente, meu propósito é servir ao bem maior aproximando pessoas e recursos para criar valor que nenhum indivíduo consegue criar sozinho", começa. E prossegue por quase quinhentas palavras. "Salvaguardarei os interesses de meus acionistas, colegas de trabalho, clientes e da sociedade na qual operamos", prometem os juradores. "Dedicarei esforços a criar prosperidade econômica, social e ambiental sustentável no mundo inteiro."

Essas palavras ("propósito", "bem maior", "sustentável") não vêm do dicionário do Tipo X. Raramente as ouvimos em escolas de negócios – porque, afinal, não são consideradas assuntos relevantes no meio. Mas os alunos daquela que é, provavelmente, a fábrica de MBA mais poderosa do mundo pensaram de maneira diferente. E, em poucas semanas, quase um quarto da turma de formandos prestou o juramento e assinou a promessa. Ao lançar o projeto, Max Anderson, um dos alunos fundadores, disse: "Minha esperança é que, em nossa 25ª reunião, nossa turma não seja conhecida por quanto dinheiro ganhamos ou quanto geramos para a escola, mas por termos contribuído para criar um mundo melhor sob nossa liderança."[7]

Palavras importam. E, se você ouvir com atenção, pode começar a captar um dialeto ligeiramente diferente – ligeiramente mais voltado para o propósito. Gary Hamel, que já mencionei, diz: "As metas da administração costumam ser descritas com palavras como 'eficiência', 'vantagem', 'valor', 'superioridade', 'foco' e 'diferenciação'. Por mais importantes que sejam esses objetivos, falta-lhes o poder de inflamar os corações humanos." Os líderes empresariais, ainda segundo ele, "precisam achar meios de impregnar as atividades comerciais rotineiras de ideais mais profundos e inspiradores, como honra, verdade, amor, justiça e beleza".[8] Humanize o que as pessoas dizem e você poderá humanizar também o que fazem.

Esse é o pensamento por trás da forma simples e eficaz como Robert B. Reich, ex-secretário do Trabalho dos Estados Unidos, avalia a saúde de uma organização. Ele o denomina "teste do pronome". Ao visitar uma organização, ele faz algumas perguntas aos funcionários sobre aquele local. Reich ouve o conteúdo geral de suas respostas, é claro, mas, acima de tudo, atenta aos pronomes usados. Os funcionários se referem à empresa como "eles"? Ou se incluem, usando "nós"? Empresas "eles" e empresas "nós" são lugares bem distintos.[9] E, na Motivação 3.0, as empresas "nós" vencem.

Políticas

Entre as palavras usadas pelas empresas e as metas que buscam, situam-se as políticas que implementam para transformar as primeiras nas últimas. Aqui, também, detectam-se os tremores iniciais de uma abordagem diferente. Por exemplo, na última década muitas empresas dedicaram tempo e esforço consideráveis a elaborar diretrizes de ética corporativa. E, mesmo assim, casos de comportamento antiético não dão sinais de declínio. Por mais valiosas que sejam essas diretrizes, como política elas podem involuntariamente transferir o comportamento com propósito do padrão Tipo I para o padrão Tipo X. Como explicou o professor Max Bazerman, da Harvard Business School:

> Digamos que você pegue pessoas que estão motivadas a se comportarem bem e lhes dê diretrizes fracas de padrões éticos a cumprir. Ora, em vez de pedir que façam algo "porque é o certo a fazer", você, na prática, está lhes dando padrões alternativos: façam algo para marcarem todos estes quadrados.
>
> Imagine uma organização, por exemplo, que acredite na ação afirmativa – que queira melhorar o mundo criando uma força de trabalho mais diversificada. Ao reduzir a ética a um checklist, subitamente a ação afirmativa não passa de uma série de requisitos que a empresa precisa cumprir para mostrar que não comete discriminações.
>
> A organização deixa de se concentrar em buscar afirmativamente a diversidade e passa a se certificar de que todos os quadradinhos do checklist estão marcados, para mostrar que o que fez está correto (e assim não ser processada). Antes, seus trabalhadores tinham uma motivação intrínseca para agir da maneira certa, mas agora têm uma motivação extrínseca para evitar que a empresa seja processada ou multada.[10]

Em outras palavras, as pessoas poderiam cumprir os padrões éticos mínimos para evitar a punição, mas as diretrizes em nada contribuiriam para injetar propósito na corrente sanguínea corporativa. O melhor a fazer seria arregimentar o poder da autonomia a

> *"O valor de uma vida pode ser medido pela capacidade da pessoa de afetar o destino de alguém menos favorecido. Se a morte é uma certeza absoluta para todos, a variável importante é a qualidade da vida que se leva entre o nascimento e a morte."*
>
> BILL STRICKLAND
> Fundador da Manchester Craftsmen's Guild e vencedor do prêmio MacArthur, a "bolsa para gênios"

serviço da maximização do propósito. Dois exemplos intrigantes vão demonstrar o que quero dizer.

Primeiro, muitos psicólogos e economistas constataram que a correlação entre dinheiro e felicidade é fraca – que, após certo nível (aliás bem modesto), uma pilha maior de grana não é um degrau automático para um nível maior de satisfação. Mas alguns cientistas sociais começaram a acrescentar um pouco mais de nuance a essa conclusão. De acordo com Lara Aknin e Elizabeth Dunn, sociólogas da Universidade da Colúmbia Britânica, e Michael Norton, psicólogo da Harvard Business School, o modo como as pessoas gastam seu dinheiro pode ser no mínimo tão importante quanto o valor que elas ganham. Em especial, gastar dinheiro com outras pessoas (comprar flores para seu cônjuge em vez de um celular novo para você) ou com uma causa (doar para uma instituição religiosa em vez de pagar por um corte de cabelo caro) pode aumentar nosso bem-estar subjetivo.[11] Tanto que Dunn e Norton propõem transformar em política corporativa suas descobertas sobre o que denominam gasto "pró-social". De acordo com reportagem publicada no *The Boston Globe*, os pesquisadores acreditam que "as empresas podem melhorar o bem-estar emocional de seus funcionários transferindo parte de seu orçamento para a caridade, disponibilizando para cada funcionário determinada soma para doação, deixando-os assim mais contentes e ao mesmo tempo ajudando as instituições beneficentes".[12] Em outras palavras, entregar a cada funcionário o controle sobre como a organização retribui à comunidade pode contribuir para sua satisfação geral mais do que outro incentivo financeiro do tipo "desde que".

Outro estudo oferece uma segunda receita possível de política centrada no propósito. Médicos em locais de alta visibilidade, como a Clínica Mayo, enfrentam pressões e exigências que podem levar ao esgotamento. Pesquisas de campo na prestigiada clínica descobriram que deixar os profissionais da saúde dedicarem um dia da semana ao que lhes seja mais significativo no trabalho – seja o cuidado a pacientes, pesquisa ou serviço comunitário – pode reduzir a exaustão física e emocional. Os médicos que seguiram essa política em caráter experimental apresentaram metade do grau de esgotamento daqueles que não participaram.[13] Pense nessa ideia como os "20% de tempo" com um propósito.

A VIDA VIRTUOSA

A cada ano, cerca de 1.300 estudantes se formam pela Universidade de Rochester e começam sua jornada rumo ao que muitos de seus pais e professores gostam de chamar de mundo real. Edward Deci, Richard Ryan e Christopher Niemiec decidiram perguntar a uma amostra dos formandos sobre seus objetivos de vida e, depois, acompanhar o início de suas carreiras, para ver como estavam se saindo. Embora muitas pesquisas de ciências sociais se realizem com estudantes voluntários, estes raramente são acompanhados depois que pegam o diploma e cruzam os portões do campus pela última vez. E esses três pesquisadores queriam observar o pós--faculdade porque representa um "período de desenvolvimento crítico que marca a transição das pessoas para suas identidade e vida adultas".[14]

Alguns dos estudantes da Universidade de Rochester tinham o que Deci, Ryan e Niemiec rotulam de "aspirações extrínsecas" – por exemplo, enriquecer ou adquirir fama –, o que podemos chamar de "metas de lucro". Outros tinham "aspirações intrínsecas" – ajudar outras pessoas a melhorar de vida, aprender e crescer –, ou o que podemos chamar de "metas de propósito". Passados um ou dois anos de mundo real para os estudantes, os pesquisadores os encontraram para ver como estavam se saindo.

As pessoas que tiveram metas de propósito e sentiam que as estavam alcançando relataram níveis de satisfação e bem-estar subjetivos maiores do que quando estavam na faculdade, e níveis bem baixos de ansiedade e depressão. O que provavelmente não surpreende. Elas fixaram uma meta significativa para si e sentiam que a estavam alcançando. Nessa situação, é muito provável que a maioria de nós também se sentisse bem.

Mas os resultados para pessoas com metas de lucro foram mais complicados. Aquelas que afirmaram estar atingindo suas metas (acumulando riqueza, sendo aclamadas) relataram níveis de satisfação, autoestima e sentimento positivo não maiores do que quando eram estudantes. Em outras palavras, o sucesso em suas metas não as deixara mais felizes. Além disso, os graduados com metas de lucro mostraram elevação nos níveis de ansiedade, depressão e outros indicadores negativos – mais uma vez, mesmo os que estavam alcançando suas metas.

"Essas descobertas são bem impressionantes", escreveram os pesquisadores, "pois indicam que atingir determinadas metas [neste caso, metas de lucro] não tem impacto no bem-estar; na verdade, até contribui para o mal-estar."[15]

Quando discuti esses resultados com Deci e Ryan, eles foram especialmente enfáticos sobre sua importância – porque as descobertas sugerem que, ainda que obtenhamos o que queremos, nem sempre é disso que precisamos. "As pessoas com grandes metas extrínsecas de riqueza têm maior probabilidade de alcançar essa riqueza, mas continuam infelizes", afirmou Ryan.

Ou, nas palavras de Deci: "A ideia típica é esta: você valoriza uma coisa; você vai lá e consegue; e você se sente melhor em função daquilo. Mas o que

> *"Não se pode viver uma vida realmente excelente sem sentir que se pertence a algo maior e mais permanente do que si mesmo."*
> MIHALY CSIKSZENTMIHALYI

constatamos é que existem certas coisas que, se você valoriza e obtém, o fazem se sentir pior, não melhor."

Se não entenderem isso – que a satisfação não depende meramente de ter metas, mas de ter as metas certas –, pessoas sensatas podem acabar tomando caminhos autodestrutivos. Quando as pessoas perseguem metas de lucro e continuam não se sentindo melhor mesmo depois de alcançar essas metas, uma reação é aumentar o tamanho e o escopo das metas – buscar mais dinheiro ou validação externa maior. E isso pode "levá-las por um caminho de mais infelicidade, achando que é o caminho para a felicidade", concluiu Ryan.

"Uma das fontes de ansiedade e depressão entre pessoas altamente bem-sucedidas é a falta de bons relacionamentos. Elas estão ocupadas ganhando dinheiro e cuidando de si, o que significa que sua vida tem menos espaço para amor, atenção, carinho, empatia e as coisas que realmente importam", acrescentou Ryan.

Se as linhas gerais dessas descobertas valem para indivíduos, por que não valeriam também para organizações – que, é claro, são grupos de indivíduos? Não quero dizer que o lucro não importa. Importa, sim. A motivação do lucro tem sido um combustível importante para realizações. Mas não é a única. Nem a mais importante. Na realidade, se fôssemos examinar as maiores realizações da história (prensa tipográfica, democracia constitucional, cura de doenças mortais), veríamos que a centelha que manteve seus criadores trabalhando noites adentro foi o propósito, ao menos tanto quanto o lucro. Uma sociedade saudável – e organizações comerciais saudáveis – começam com o propósito e consideram o lucro um meio de chegar àquele fim ou a um subproduto feliz de sua realização.

É aqui que os baby boomers – talvez, só talvez – podem assumir a liderança. Nos temas de autonomia e excelência, os adultos deveriam olhar o expressivo exemplo das crianças. Mas talvez o propósito seja outra questão. Ser capaz de contemplar o quadro mais amplo, refletir sobre a própria mortalidade, entender o paradoxo de que alcançar certas metas não é a resposta parecem exigir alguns anos de experiência neste planeta. E o momento não poderia ser melhor, pois em breve o planeta terá mais pessoas acima dos 65 anos do que abaixo dos 5 pela primeira vez em sua existência.

É de nossa natureza buscar propósito no que fazemos. Agora, essa natureza está sendo revelada e expressa em uma escala demograficamente sem precedentes e, até pouco tempo atrás, quase inimaginável. As consequências podem rejuvenescer nossas empresas e transformar nosso mundo.

UMA IDEIA CENTRAL DESTE LIVRO é o descompasso entre o que a ciência sabe e o que as empresas fazem. A disparidade é grande. Sua própria existência é alarmante. E, embora pareça intimidante eliminá-la, temos razões para sermos otimistas.

Os estudiosos da motivação humana, muitos dos quais vimos citados neste livro, oferecem uma explicação mais nítida e precisa da condição e do desempenho humanos. As verdades que revelaram são simples, mas poderosas. A ciência mostra que aqueles motivadores à base de recompensas e punições típicos do século XX – coisas que consideramos uma parte "natural" do empreendimento humano – podem funcionar às vezes, mas só ao longo de uma faixa de circunstâncias surpreendentemente estreita. A ciência mostra que recompensas do tipo "desde que" – a base do sistema operacional Motivação 2.0 – não apenas são ineficazes em muitas situações, mas também podem esmagar as habilidades conceituais criativas, de alto nível, centrais ao progresso econômico e social atual e futuro. A ciência mostra que o segredo do alto desempenho não é o impulso biológico nem o impulso de recompensa e punição, mas o terceiro impulso: o desejo arraigado de dirigirmos nossa vida, estendermos e expandirmos nossas habilidades e termos um propósito de vida.

Sincronizar nossas empresas com essas verdades não será fácil. Desaprender velhas ideias é difícil, desfazer velhos hábitos é ainda mais complicado. E eu seria menos otimista quanto à perspectiva de eliminar a lacuna num futuro próximo não fosse este fato: a ciência confirma o que no fundo já sabemos.

Sabemos que os seres humanos não são meramente cavalos menores, mais lentos e mais cheirosos galopando atrás daquela cenoura diária. Sabemos – se passarmos tempo com crianças ou lembrarmos nosso melhor eu – que não estamos destinados a ser passivos e complacentes. Estamos destinados a ser ativos e engajados. E sabemos que as experiências mais ricas da vida não ocorrem quando estamos clamando pela validação dos outros, mas quando estamos ouvindo nossa voz – fazendo algo que importa, fazendo-o bem e fazendo-o a serviço de uma causa maior.

No fim das contas, corrigir o descompasso e trazer nossa compreensão da motivação para o século XXI é mais que uma medida essencial para as empresas. É uma afirmação de nossa humanidade.

PARTE TRÊS

O Kit de Ferramentas do Tipo I

Bem-vindo ao Kit de Ferramentas do Tipo I.

Este é seu guia para pegar as ideias deste livro e colocá-las em prática.

Quer esteja buscando uma forma melhor de gerenciar sua organização, navegar por sua carreira ou ajudar seus filhos, existe uma dica, uma melhor prática ou um livro recomendado para você. E, se alguma vez você precisar de um rápido resumo de Motivação 3.0 ou quiser pesquisar um dos conceitos apresentados, encontrará aqui também.

Não há uma sequência específica para ler esta parte. Escolha um verbete que lhe interesse e vá direto até lá. Como todo bom kit de ferramentas, este tem versatilidade suficiente para permitir que você retorne várias e várias vezes.

O QUE ESTE KIT DE FERRAMENTAS CONTÉM

Tipo I para indivíduos: Nove estratégias para despertar sua motivação

Tipo I para organizações: Nove maneiras de melhorar sua empresa, seu escritório ou grupo

O Zen da remuneração: A folha de pagamento Tipo I

Tipo I para pais e educadores: Nove ideias para ajudar nossas crianças

Dicas de leitura para o Tipo I: Quinze livros essenciais

Ouça os gurus: Seis pensadores de negócios que entenderam a ideia

Boa forma Tipo I: Quatro dicas para se motivar a começar (e manter) um plano de atividades físicas

Motivação 3.0: Recapitulação

Motivação 3.0: Glossário

Guia de discussão sobre *Motivação 3.0*: Vinte formas de iniciar uma conversa para fazer você refletir e debater

Descubra mais sobre si mesmo e sobre o tema

Tipo I para indivíduos: Nove estratégias para despertar sua motivação

Ninguém nasce Tipo I, torna-se. Embora o mundo esteja cheio de motivadores extrínsecos, podemos fazer muitas coisas para trazer mais autonomia, excelência e propósito ao nosso trabalho e à nossa vida. Veja nove exercícios que vão colocar você no caminho certo.

FAÇA UM "TESTE DE FLUXO"

Mihaly Csikszentmihalyi fez mais do que descobrir o conceito de "fluxo". Ele também introduziu uma engenhosa técnica para medi-lo. Csikszentmihalyi e sua equipe da Universidade de Chicago equiparam com pagers eletrônicos os participantes de seus estudos de pesquisa, depois passaram a entrar em contato com essas pessoas em intervalos aleatórios (aproximadamente oito vezes ao dia), ao longo de uma semana, pedindo que descrevessem seu estado mental no momento. Comparados com métodos anteriores, esses informes em tempo real se mostraram bem mais honestos e reveladores.

Você pode usar a inovação metodológica de Csikszentmihalyi em sua busca pela excelência fazendo um "teste de fluxo". Programe um lembrete em seu computador ou celular para disparar quarenta vezes aleatórias durante uma semana. A cada alarme, anote o que está fazendo, como está se sentindo e se está em "fluxo". Registre suas observações; depois, examine os padrões e responda às seguintes perguntas:

- Quais momentos produziram sensações de "fluxo"? Onde você estava? A que estava se dedicando? Com quem você estava?
- Certos períodos do dia são mais propícios ao fluxo do que outros? Como você poderia reestruturar seu dia baseado nessas constatações?
- Como você poderia aumentar o número de momentos ideais e reduzir o número de momentos em que se sentiu desmotivado ou disperso?
- Se você vem tendo dúvidas sobre seu emprego ou sua carreira, o que este exercício lhe mostrou sobre sua fonte real de motivação intrínseca?

PRIMEIRO, UMA GRANDE PERGUNTA...

Em 1962, Clare Boothe Luce, uma das primeiras mulheres congressistas dos Estados Unidos, deu o seguinte conselho ao presidente John F. Kennedy: "Um grande homem é uma frase." Nesse sentido, a frase que definiria o grande homem Abraham Lincoln seria: "Ele preservou a união e libertou os escravos." E a de Franklin Roosevelt: "Ele nos tirou de uma grande depressão e nos ajudou a vencer uma guerra mundial." Luce temia que a atenção de Kennedy estivesse tão dividida entre muitas prioridades que sua frase corria o risco de se tornar um parágrafo truncado.

Você não precisa ser um presidente (nem dos Estados Unidos nem do clube de jardinagem) para extrair a lição dessa história.

Uma forma de orientar sua vida para um propósito maior é pensar qual seria sua frase. Talvez seja: "Ele criou quatro filhos que se tornaram adultos felizes e saudáveis." Ou: "Ela inventou um dispositivo que facilitou a vida das pessoas." Ou: "Ele cuidou de todos que entraram em seu consultório, mesmo que não pudessem pagar." Ou: "Ela ensinou duas gerações de crianças a ler."

Ao refletir sobre seu propósito, comece pela grande pergunta: Qual é a sua frase?

... E DEPOIS REPITA UMA PERGUNTA PEQUENA

A grande pergunta é necessária, mas não é suficiente. É aí que entra em ação a pergunta pequena. Realizações verdadeiras não ocorrem da noite para o dia. Como pode atestar qualquer pessoa que tenha treinado para correr uma maratona, aprendido um idioma novo ou administrado uma filial bem-sucedida, passamos bem mais tempo enfrentando a dureza das tarefas do que aproveitando os aplausos.

Aqui vai algo que você pode fazer para se manter motivado. Ao final de cada dia, pergunte a si mesmo se você se saiu melhor hoje do que ontem. Realizou mais coisas? Realizou-as bem? Ou, para ser mais específico: aprendeu mais dez palavras, fez as oito ligações de vendas prometidas, comeu suas cinco porções de frutas e legumes, escreveu as quatro páginas do seu livro? Você não precisa ser perfeito dia após dia. Em vez disso, procure pequenos indicadores de melhoria, como por quanto tempo praticou saxofone ou se deixou de olhar o e-mail até terminar o relatório. Lembrar a si mesmo que você não precisa atingir a excelência já no terceiro dia é a melhor forma de garantir que isso aconteça daqui a 3 mil dias.

Por isso, todas as noites, antes de ir dormir, faça a si mesmo a pequena pergunta: Hoje eu fui melhor do que ontem?

FAÇA COMO SAGMEISTER

O designer Stefan Sagmeister descobriu um jeito brilhante de levar uma vida Tipo I. "Pense no padrão dos países em desenvolvimento", diz ele. As pessoas normalmente passam mais ou menos os primeiros 25 anos da vida aprendendo, depois cerca de 40 anos trabalhando e os 25 anos finais aposentadas. Essa linha do tempo padronizada fez Sagmeister pensar: por que não retirar cinco anos do período de aposentadoria e espalhá-los ao longo das décadas de trabalho?

Assim, a cada sete anos, Sagmeister fecha seu estúdio de design, informa aos clientes que só voltará dali a um ano e parte para um ano sabático de 365 dias. Ele aproveita o tempo para viajar, viver em lugares onde nunca esteve e testar projetos novos. Parece arriscado, eu sei. Mas ele diz que as ideias que gera durante o ano de "folga" fornecem sua renda para os sete anos seguintes. Agir assim exige planejamento e inteligência financeira, é claro, mas abrir mão daquela TV de tela grande não parece um preço pequeno a pagar por um ano inesquecível – e insubstituível – de exploração pessoal? A verdade é que essa ideia é mais realista do que pensamos. Por isso espero fazer como Sagmeister daqui a alguns anos, e você também deveria considerar essa possibilidade.

FAÇA UMA AUTOAVALIAÇÃO DE DESEMPENHO

Avaliações de desempenho, aqueles rituais anuais ou semestrais da vida corporativa, são tão agradáveis quanto uma dor de dente e tão produtivas quanto um desastre de trem. Ninguém gosta delas – nem o avaliador, nem o avaliado. Esses encontros não nos ajudam em nada a alcançar a excelência, já que o feedback costuma vir seis meses depois de completado o trabalho (imagine Serena Williams ou Twyla Tharp analisando seus resultados ou lendo avaliações somente duas vezes ao ano). No entanto, os gerentes continuam convocando os funcionários às suas salas para esses encontros constrangedores e dolorosos.

Talvez exista um jeito melhor. Talvez, como Douglas McGregor e outros sugeriram, devêssemos nos proporcionar nossas próprias avaliações de desempenho. Vou lhe dizer como. Defina suas metas – a maioria, metas de aprendizado, mas inclua também algumas metas de desempenho – e, a cada mês, chame a si mesmo à sua sala para uma autoavaliação. Como você está se saindo? Em que pontos precisa investir? De quais ferramentas, informações ou recursos de apoio você precisa para melhorar?

Algumas outras dicas:

- Fixe metas menores e maiores de tal modo que, no momento da avaliação, você já tenha completado algumas tarefas.
- Entenda com clareza como cada aspecto do seu trabalho está ligado ao seu propósito maior.
- Seja totalmente honesto. Este exercício visa ajudá-lo a melhorar o desempenho e alcançar a excelência; se você racionalizar falhas ou suavizar seus erros em vez de aprender com eles, estará perdendo seu tempo.

E, se realizar essa atividade solitária não é sua praia, reúna um pequeno grupo de colegas para avaliações de desempenho regulares, informais e coletivas. Se eles realmente se importam com você, vão lhe dizer a verdade e cobrarão suas responsabilidades. Uma última pergunta aos chefes: por que raios vocês não encorajam seus funcionários a fazer isso?

USE AS CARTAS OBLÍQUAS PARA SUPERAR UM BLOQUEIO MENTAL

Mesmo a pessoa mais intrinsecamente motivada às vezes se sente bloqueada. Por isso, aqui vai uma maneira simples, fácil e divertida de escapar do marasmo mental. Em 1975, o produtor Brian Eno e o artista Peter Schmidt publicaram cem cartas contendo estratégias que os ajudavam a superar os momentos de pressão que sempre acompanham um prazo. Cada carta contém uma pergunta ou afirmação única, muitas vezes inescrutável, para arrancar você da rotina mental. (Alguns exemplos: O que seu melhor amigo faria? Seu erro foi uma intenção oculta. Qual é a solução mais simples? Repetição é uma forma de mudança. Não evite o que é fácil.) Se você está trabalhando num projeto e se vê bloqueado, puxe uma carta oblíqua do baralho. Essas bombas cerebrais são um ótimo meio de manter sua mente aberta, apesar das restrições fora do seu controle. Você pode comprar o baralho em enoshop.co.uk ou seguir uma das contas do Twitter inspiradas na estratégia, como a @oblique_chirps.

APROXIME-SE CINCO PASSOS DA EXCELÊNCIA

Um dos segredos para a excelência é o que o professor de psicologia da Florida State University Anders Ericsson chama de "prática deliberada" – um "período vitalício de [...] esforço para melhorar o desempenho em um domínio específico". A prática deliberada não é correr alguns poucos quilômetros a cada dia ou tocar piano vinte minutos todas as manhãs. É bem mais propositada, focada e, sim, dolorosa. Siga estes passos – vezes e mais vezes, por uma década – e você poderá alcançar a excelência:

- **Lembre que a prática deliberada tem um objetivo: melhorar o desempenho.** "Você pode jogar tênis uma vez por semana durante anos, mas não vai melhorar se jogar sempre do mesmo jeito", afirmou Ericsson. "A prática deliberada envolve mudar seu desempenho, fixar novas metas e se esforçar para alcançar mais alto a cada salto."

- **Repita, repita, repita.** A repetição é importante. Os craques do basquete não fazem dez lances livres ao final do treino. Fazem quinhentos.
- **Busque feedback frequente e imparcial.** Se você não sabe como está se saindo, não vai saber em que melhorar.
- **Concentre-se implacavelmente nos pontos em que precisa de ajuda.** Enquanto muita gente investe naquilo em que já é exímia, diz Ericsson, "aqueles que de fato melhoram são os que investem em suas fraquezas".
- **Prepare-se para se sentir esgotado mental e fisicamente.** Por esse motivo tão poucas pessoas se comprometem com essa prática, mas é por isso que ela funciona.

PEGUE UMA PÁGINA DE WEBBER E UM CARTÃO DO SEU BOLSO

Em seu perspicaz livro *As 52 regras de ouro dos negócios*, Alan Webber, cofundador da revista *Fast Company*, propõe um exercício simples e inteligente para avaliar se você está no caminho para a autonomia, a excelência e o propósito. Pegue alguns cartões de uns 8 por 13 centímetros. Em um deles, escreva sua resposta à pergunta: "O que faz você se levantar pela manhã?" Do outro lado, escreva sua resposta a outra pergunta: "O que o mantém acordado à noite?" Limite cada resposta a uma só frase. Se não gostar de uma resposta, descarte o cartão e tente de novo até chegar a algo que lhe agrade. Depois, leia o que você produziu. Se ambas as respostas lhe dão uma sensação de sentido e direção, "parabéns!", diz

Webber. "Use-as como sua bússola, conferindo-as de tempos em tempos para ver se ainda são verdadeiras. Se não gostar de uma ou mesmo de ambas as respostas, surge uma nova pergunta: o que você vai fazer a respeito?"

CRIE SEU CARTAZ MOTIVACIONAL

Cartazes de escritório que tentam nos "motivar" têm uma reputação ruim. Nas palavras de um piadista, "nas últimas duas décadas, cartazes motivacionais infligiram sofrimentos inimagináveis em locais de trabalho de todo o mundo". Bem, talvez o primeiro deles tenha valido a pena. Talvez aqueles desenhos na caverna de Lascaux, na França, fossem a forma de algum orador motivacional paleolítico dizer: "Se vocês sabem aonde estão indo, nunca pegarão o caminho errado." Agora você tem a chance de contra-atacar (ou talvez de resgatar aquele legado). Graças a uma série de sites, você pode criar seus cartazes motivacionais – e não precisa mais se contentar com fotos de gatinhos em cestas, pode fazer esse exercício da maneira mais séria ou mais boba que quiser. A motivação é profundamente pessoal e só você sabe quais palavras ou imagens repercutirão em você.

Tente um destes sites em inglês:

Despair Inc (http://diy.despair.com/motivator.php)
Big Huge Labs (http://bighugelabs.com/motivator.php)
Automotivator (http://wigflip.com/automotivator/)

Para motivar você, vou lhe mostrar dois cartazes que eu mesmo criei:

AUTONOMIA
SE VOCÊ NÃO ME DEIXAR TRABALHAR, VOU PEGAR A MANGUEIRA.

EXCELÊNCIA
NÃO É NADA DE OUTRO MUNDO, É APENAS PRÁTICA.

Tipo I para organizações: Nove maneiras de melhorar sua empresa, seu escritório ou grupo

Seja você um CEO ou o novo estagiário, pode ajudar a criar locais de trabalho envolventes e produtivos que fomentem o comportamento Tipo I. Veja nove maneiras de começar a trazer sua organização para os tempos atuais e para o mundo mais iluminado da Motivação 3.0.

TENTE UMA VERSÃO MAIS MODESTA DOS "20% DE TEMPO"

Você leu sobre as maravilhas dos "20% de tempo" – quando as organizações encorajam os funcionários a passar um quinto de suas horas de trabalho envolvidos em qualquer projeto que desejem. E, se você já usou o Gmail ou leu o Google Notícias, já aproveitou os resultados dessa inovação. Porém, por maiores que sejam as virtudes, pôr em prática uma política dessas pode parecer intimidante. Quanto vai custar? E se não funcionar? Caso você esteja inseguro, eis uma ideia: experimente uma versão mais modesta. Comece com, digamos, 10% do tempo. É apenas uma tarde de uma semana de trabalho de cinco dias (quem nunca desperdiçou esse tempo no trabalho?). E, em vez de tratar como algo definitivo, experimente por seis meses. Ao criar essa ilha de autonomia, você vai ajudar as pessoas a agir movidas por suas grandes ideias e a converter seu tempo parado em tempo mais produtivo. E quem sabe alguém na sua unidade não inventa o próximo Post-it?

ENCORAJE RECOMPENSAS DO TIPO "AGORA QUE" ENTRE COLEGAS DE TRABALHO

A Kimley-Horn and Associates, uma empresa de engenharia civil em Raleigh, Carolina do Norte, criou um sistema de recompensas que merece o selo de aprovação Tipo I: a qualquer momento, sem precisar pedir permissão, qualquer funcionário pode conceder um bônus de 50 dólares a qualquer colega. "Funciona porque é em tempo real e não é concedido por alguém da gerência", contou o diretor de recursos humanos da empresa à *Fast Company*. "Qualquer funcionário que faça algo excepcional recebe reconhecimento de seus colegas em questão de minutos." Por serem recompensas do tipo "agora que", isto é, não contingentes, esse tipo de bônus evita as sete falhas mortais da maioria dos incentivos corporativos. E, por virem de um colega, não de um chefe, têm um sentido diferente (e talvez mais profundo). Podemos até dizer que são motivadoras.

REALIZE UMA AUDITORIA DA AUTONOMIA

Qual é o nível de autonomia de que o pessoal na sua organização realmente desfruta? Se você for como a maioria das pessoas, provavelmente não tem a menor ideia. Ninguém tem. Mas existe um jeito de descobrir: com uma auditoria da autonomia. Peça a todos no seu departamento ou na sua equipe que deem uma nota de 1 a

10 a estas quatro questões (sendo 0 para "quase nenhuma" e 10 para "uma grande quantidade"):

1. Quanta autonomia você tem sobre suas tarefas no trabalho – suas responsabilidades principais e o que faz num dado dia?
2. Quanta autonomia você tem sobre seu tempo no trabalho – por exemplo, a que horas chega, a que horas vai embora, como organiza sua agenda a cada dia?
3. Quanta autonomia você tem sobre seu time no trabalho – ou seja, em que medida você pode escolher as pessoas com quem mais colabora?
4. Quanta autonomia você tem sobre sua técnica no trabalho – como realiza as principais responsabilidades do seu serviço?

Todas as respostas devem ser anônimas. Ao fim, processe os resultados. Qual a média dos funcionários? A cifra se situará em algum ponto numa escala de autonomia de 40 pontos (sendo 0 uma prisão norte-coreana e 40 Woodstock). Compare esse número com as percepções das pessoas. Talvez o chefe pensasse que todos tivessem bastante liberdade – mas a auditoria mostrou um índice médio de apenas 15. Calcule também resultados específicos para tarefa, tempo, time e técnica, pois uma média geral saudável pode mascarar um problema numa determinada área. Uma nota de autonomia geral de, digamos, 27 não é ruim, mas se essa média consiste em 8 para tarefa, técnica e time mas apenas 3 para tempo, você identificou um ponto fraco da autonomia na organização.

É notável, às vezes, como os dirigentes das organizações sabem pouco sobre as experiências das pessoas que trabalham à sua volta. Mas é igualmente notável como os líderes estão dispostos a fazer as coisas de maneira diferente quando veem dados reais. É esse o poder da auditoria da autonomia. E, se você incluir em sua auditoria a possibilidade de os funcionários anotarem suas ideias sobre como aumentar a autonomia, poderá encontrar ótimas soluções.

DÊ TRÊS PASSOS NA DIREÇÃO DE ABRIR MÃO DO CONTROLE

Chefes Tipo X adoram o controle. Chefes Tipo I renunciam ao controle. Oferecer às pessoas a liberdade de que elas precisam para fazer um ótimo trabalho costuma ser sensato, mas nem sempre é fácil. Assim, se você está sentindo necessidade de controlar, considere estas três maneiras de começar a abrir mão – para seu bem e o de sua equipe:

1. **Envolva as pessoas na fixação de metas.** Você prefere estabelecer suas metas ou tê-las impostas a você? Pois é. Por que aqueles que trabalham com você seriam diferentes? Um corpo considerável de pesquisas mostra que os indivíduos se envolvem bem mais quando buscam metas que ajudaram a estipular. Portanto, traga os funcionários para o processo. Eles podem surpreendê-lo: as pessoas geralmente têm objetivos mais ambiciosos do que aqueles que lhes são atribuídos.
2. **Use uma linguagem não controladora.** Da próxima vez que você for dizer "Precisa" ou "Faça", experimente dizer "Que tal...?" ou "Você poderia...?". Uma pequena mudança nas palavras pode ajudar a promover o envolvimento em vez do cumprimento e pode até reduzir a necessidade de contestação de algumas pessoas. Pense nisso. Ou melhor: que tal pensar nisso?
3. **Estabeleça horas receptivas.** Às vezes você precisa chamar pessoas à sua sala, mas em outras é melhor deixar que venham até você. Siga o exemplo dos professores universitários e re-

serve uma ou duas horas por semana em que você tenha a agenda livre para que qualquer funcionário possa entrar para conversar sobre o que bem entender. Pode ser benéfico para eles e pode lhe ensinar algo novo.

BRINQUE DE "DE QUEM É MESMO O PROPÓSITO?"

Este é outro exercício que visa eliminar a lacuna entre percepção e realidade. Reúna sua equipe, seu departamento ou, se puder, todos os funcionários de sua empresa, entregue a cada um deles um cartão de uns 8 por 13 centímetros e peça que escrevam em uma só frase a resposta a esta pergunta: "Qual é o propósito da nossa empresa (ou organização)?" Recolha os cartões e leia-os em voz alta. O que eles informam? As respostas são semelhantes, com todos alinhados em torno de um propósito em comum? Ou são dispersas – algumas pessoas acreditando em uma coisa, outras em algo completamente diferente, e ainda outras sem terem sequer uma ideia? Com toda a conversa sobre cultura, alinhamento e missão, a maioria das organizações faz um serviço bem fraco de avaliar esse aspecto de seu negócio. Esta simples pesquisa pode oferecer um vislumbre da alma da sua empresa. Se as pessoas não sabem por que estão fazendo o que fazem, como você pode esperar que se sintam motivadas a fazê-lo?

USE O TESTE DOS PRONOMES DE REICH

O ex-secretário do Trabalho dos Estados Unidos Robert B. Reich concebeu uma ferramenta de diagnóstico inteligente e simples (e gratuita) para medir a saúde de uma organização. Quando fala com os funcionários, ele observa cuidadosamente os pronomes empregados. Os funcionários se referem à sua empresa como "eles" ou "nós"? "Eles" indica ao menos certa dose de apatia, talvez até de alienação. "Nós" indica o contrário: que os funcionários sentem que fazem parte de algo significativo. Se você é um chefe, passe alguns dias ouvindo as pessoas à sua volta, não apenas em ambientes formais como reuniões, mas também nos corredores e no horário de almoço. Vocês são uma organização "nós" ou "eles"? É uma diferença significativa. Todos querem autonomia, excelência e propósito. O fato é que "nós" podemos alcançar isso – "eles", não.

PROJETE PARA A MOTIVAÇÃO INTRÍNSECA

O guru da internet e escritor Clay Shirky (shirky.com) diz que os sites e fóruns eletrônicos mais bem-sucedidos possuem certa abordagem Tipo I em seu DNA. Eles são desenvolvidos – muitas vezes explicitamente – para acionar a motivação intrínseca. Você pode fazer o mesmo com sua presença on-line se ouvir Shirky e se:

- Criar um ambiente em que as pessoas se sintam bem em participar.
- Der autonomia aos usuários.
- Mantiver o sistema o mais aberto possível.

E o que importa no ciberespaço importa igualmente no espaço físico. Pergunte a si mesmo: como o ambiente físico do seu local de trabalho promove ou inibe a autonomia, a excelência e o propósito?

PROMOVA CACHINHOS DOURADOS PARA GRUPOS

Quase todos já sentiram a satisfação de uma tarefa Cachinhos Dourados – do tipo que não é nem fácil demais nem difícil demais, mas que fornece uma deliciosa sensação de fluxo. Porém às vezes é difícil replicar essa experiência quando estamos trabalhando em equipe. As pessoas tendem a realizar as tarefas que sempre realizam porque já provaram que conseguem realizá-las bem, e uma minoria desafortunada fica sobrecarregada com as tarefas livres de fluxo que ninguém mais quer. Veja alguns meios de trazer um pouco de Cachinhos Dourados ao seu grupo:

- **Comece com uma equipe diversificada.** Como aconselha Teresa Amabile, de Harvard, "crie grupos de trabalho em que as pessoas se estimulem mutuamente e aprendam umas com as outras, de modo a não serem homogêneas em termos de formação e treinamento. Você quer pessoas capazes de realmente fertilizarem as ideias umas das outras.
- **Torne seu grupo uma zona de "não competição".** Lançar colegas uns contra os outros na esperança de que a competição os estimule a obter melhor desempenho raramente funciona – e quase sempre solapa a motivação intrínseca. Se quiser usar uma palavra começada por C, prefira "colaboração" ou "cooperação".
- **Tente uma pequena mudança de tarefas.** Se algum funcionário está enfadado com sua atribuição atual, veja se ele consegue treinar outra pessoa nas habilidades que já dominou. Depois, veja se ele consegue assumir algum aspecto do trabalho de um membro mais experiente da equipe.
- **Anime com propósito, não motive com recompensas.** Nada une mais uma equipe que uma missão compartilhada. Quanto mais as pessoas se unirem em torno de uma causa em comum – seja criar algo absurdamente grande, superar um concorrente externo ou mesmo mudar o mundo –, mais gratificante e excepcional será o trabalho realizado.

TRANSFORME SEU ENCONTRO EXTERNO NUM DIA FEDEX

Considere os encontros fora da empresa: alguns dias exaustivos de diversão forçada e moral plastificada – entremeados por discursos motivacionais constrangedores, momentos de dança sofríveis e algumas sessões do jogo "queda de confiança". Para ser justo, alguns desses eventos de fato ajudam os funcionários a se engajarem novamente, recarregarem as baterias e retomarem conversas sobre questões importantes. Porém, se os encontros da sua organização estão decepcionando, por que não substituir o próximo por um Dia FedEx? Reserve um dia inteiro para que os funcionários possam trabalhar naquilo que escolherem, como quiserem, com quem lhes agradar. Garanta que disponham das ferramentas e recursos necessários. E imponha uma só regra: no dia seguinte, as pessoas precisam entregar algo – uma ideia nova, um protótipo, o aperfeiçoamento de um processo interno. Organizações Tipo I sabem o que suas contrapartes Tipo X raramente compreendem: desafios reais são bem mais revigorantes que lazer controlado.

O Zen da remuneração:
A folha de pagamento Tipo I

Todos querem ser bem remunerados. Aposto que você também quer. A abordagem Tipo I da motivação não propõe salários reduzidos ou uma força de trabalho só de voluntários, mas um novo critério de pagamento.

Pense nessa abordagem como o Zen da remuneração: na Motivação 3.0, a melhor aplicação do dinheiro é retirar a questão monetária da mesa.

Quanto mais proeminentes forem o salário, as vantagens e os benefícios na vida profissional de alguém, mais esses elementos poderão inibir a criatividade e atrapalhar o desempenho. Como explicou Edward Deci no Capítulo 3, quando organizações usam recompensas como o dinheiro para motivar seus funcionários "é quando são mais desmotivadoras". A melhor estratégia é acertar uma remuneração justa – e depois não tocar mais no assunto. Organizações eficazes definem valores e padrões de remuneração que permitam aos indivíduos quase esquecerem esse fator e se concentrarem no trabalho em si.

Veja três técnicas fundamentais.

1. GARANTA JUSTEZA INTERNA E EXTERNA

O mais importante de qualquer pacote de remuneração é que seja justo. E, aqui, isso implica duas dimensões: interna e externa. Justeza interna é pagar às pessoas valores equânimes com os dos outros funcionários, enquanto justeza externa significa pagar às pessoas valores equânimes com os de profissionais que realizem trabalhos semelhantes em empresas semelhantes.

Vejamos melhor cada tipo. Suponhamos que você e Fred trabalhem em baias adjacentes e que vocês tenham responsabilidades e experiências quase equivalentes. Se Fred ganha muito mais, você vai se indignar. E essa violação da justeza interna vai fazer sua motivação despencar. Agora suponha que você e Fred sejam auditores com dez anos de experiência e que trabalhem em uma das maiores empresas do país. Se vocês descobrirem que auditores com experiência similar em outras empresas de mesmo porte estão ganhando o dobro, tanto você como Fred vão sofrer uma queda da motivação, em grande parte irreversível. A empresa violou a ética da justeza externa. (Um adendo importante: sistemas de remuneração Tipo I não envolvem pagar a todos a mesma quantia. Se Fred tem uma função mais difícil ou contribui mais para a organização do que você, merece um valor maior. E diversos estudos mostraram que a maioria das pessoas não se queixa disso. Por quê? Porque é justo.)

Garantir justeza interna e externa não é, em si, um motivador. É, antes, um meio de evitar que a questão do dinheiro volte à tona e se torne um desmotivador.

2. PAGUE ACIMA DA MÉDIA

Se você forneceu uma base de recompensas adequada e criou justeza interna e externa, pense em adotar uma estratégia proposta pela primeira vez por um vencedor do Prêmio Nobel. Em meados da década de 1980, George Akerlof (mais tarde ganhador do Nobel de Economia) e sua esposa, Janet Yellen, também economista, descobriram que algumas empresas pareciam estar pagando demais aos seus funcionários. Em vez dos salários projetados pela oferta e procura, elas davam um pouco mais. Não porque fossem empresas desprendidas nem porque fossem estúpidas, e sim porque eram espertas. Como Akerlof e Yellen descobriram, pagar a profissionais excelentes um pouco acima do que o mercado exige podia atrair melhores talentos, reduzir a rotatividade, estimular a produtividade e melhorar os ânimos.

Salários maiores podiam, na verdade, reduzir os custos.

Pagar acima da média pode ser uma forma elegante de suprimir as recompensas do tipo "desde que", eliminar preocupações com possíveis injustiças e ajudar a tirar de cena a questão do dinheiro. É outra forma de permitir que as pessoas se concentrem no trabalho em si. Outros economistas mostraram que estabelecer um alto nível para o salário-base contribui mais para melhorar o desempenho e o empenho organizacional do que um sistema de bônus atraente.

Claro que, pela própria lógica matemática, pagar acima da média funcionará para apenas cerca de metade das empresas. Portanto, comece antes que os concorrentes o façam.

3. SE VOCÊ USA INDICADORES DE DESEMPENHO, TORNE-OS ABRANGENTES, RELEVANTES E DIFÍCEIS DE MANIPULAR

Imagine que você seja um gerente de produto e seu pagamento depende em grande parte de atingir uma meta de vendas específica para o próximo trimestre. Se você for inteligente ou se tiver uma família para sustentar, vai tentar de qualquer jeito atingir aquele número. Dificilmente vai se preocupar com o trimestre depois daquele, com a saúde da empresa ou com investimentos em pesquisa e desenvolvimento. E, se você estiver nervoso, poderá pegar atalhos para atingir sua meta trimestral.

Agora imagine que você é um gerente de produto e seu pagamento é determinado por estes fatores: suas vendas no próximo trimestre e no ano corrente, a receita e o lucro da empresa nos próximos dois anos, níveis de satisfação dos clientes, ideias de produtos novos e avaliações de seus colegas. Se você for inteligente, provavelmente tentará vender seu produto, atender a seus clientes, ajudar seus colegas e, bem, fazer um bom trabalho. Quando os indicadores são variados, é mais difícil fraudá-los.

Além disso, o ganho por atingir o indicador não deve ser grande demais. Quando o bônus por alcançar metas é modesto, menores são as chances de limitar o foco das pessoas ou de encorajá-las à desonestidade.

Sem dúvida, achar o equilíbrio certo de indicadores é difícil e deverá variar consideravelmente entre uma organização e outra. E sempre haverá algumas pessoas que vão dar um jeito de manipular mesmo o sistema mais cuidadosamente calibrado. No entanto, usar uma variedade de indicadores que reflitam a totalidade do ótimo trabalho pode transformar recompensas do tipo "desde que", muitas vezes improdutivas, em recompensas do tipo "agora que", menos voláteis.

Tipo I para pais e educadores: Nove ideias para ajudar nossas crianças

Todas as crianças começam a vida como Tipos I curiosos e independentes, mas muitas delas acabam se tornando Tipos X desmotivados e complacentes. Por que isso acontece? Talvez o problema sejamos nós – os adultos encarregados das escolas e das famílias. Se quisermos equipar os jovens para o mundo novo do trabalho – e, ainda mais importante, se quisermos que levem uma vida satisfatória –, precisamos acabar com a predominância da Motivação 2.0 na educação e na criação dos filhos.

Infelizmente, porém, existe um desencontro – assim como nos negócios – entre o que a ciência sabe e o que as escolas fazem. A ciência sabe (e você também, se leu o Capítulo 2) que, se você promete a um pré-escolar um belo certificado por fazer um desenho, essa criança provavelmente vai fazer um desenho para você – e depois perderá o interesse pela atividade. No entanto, na tentativa de responderem a esses indícios – e à medida que a economia mundial exige mais capacidades criativas, conceituais, não rotineiras –, muitas escolas estão indo na direção errada. Estão redobrando a ênfase em rotinas, respostas certas e padronização. E estão puxando um vagão cheio de recompensas do tipo "desde que": pizza por ler livros, presentes por comparecer à aula, dinheiro por tirar boas notas. Estamos subornando os estudantes para serem complacentes em vez de desafiá-los a se empenharem.

Podemos fazer melhor. E devemos. Se quisermos criar crianças Tipo I, na escola e em casa, precisamos ajudá-las no caminho rumo à autonomia, à excelência e ao propósito. Veja nove maneiras de iniciar a jornada.

APLIQUE O TESTE DO TIPO I AO DEVER DE CASA

Será que o dever de casa que enche as mochilas das crianças realmente contribui para o aprendizado? Ou será que simplesmente rouba seu tempo livre em nome de uma falsa sensação de rigor? Professores, antes de distribuírem mais uma tarefa trabalhosa, apliquem este teste fazendo a si mesmos três perguntas:

- Estou oferecendo aos alunos alguma autonomia sobre como e quando fazer este dever?
- Este dever promove a excelência oferecendo uma tarefa nova e envolvente (em vez de uma reformulação rotineira de algo já coberto em sala de aula)?
- Meus alunos entendem o propósito deste dever? Isto é, eles conseguem ver de que maneira esta atividade extra contribui para o empreendimento maior em que a turma está envolvida?

Se a resposta a qualquer dessas perguntas for não, você poderia reformular o dever? E, pais, vocês estão olhando os deveres de casa de seus filhos com certa frequência, para saber se promovem a obediência ou o envolvimento? Não vamos desperdiçar o tempo de nossas crianças com exercícios sem sentido. Com um pouco de reflexão e esforço, podemos transformar o dever de casa em aprendizado de casa.

TENHA UM DIA FEDEX

No Capítulo 4, aprendemos como a empresa de softwares Atlassian injeta uma dose extra de autonomia no local de trabalho reservando a cada trimestre um dia para os funcionários trabalharem em qualquer projeto que escolherem, como quiserem, com quem quiserem. Por que não tentar o mesmo com seus alunos ou com seus filhos? Reserve um dia escolar inteiro (ou um dia de férias em família) e peça às crianças que proponham um problema para resolver ou um projeto para iniciar. De antemão, ajude-as a reunir ferramentas, informações e materiais. Depois, permita que se dediquem àquilo. No dia seguinte, peça que façam uma avaliação, relatando à turma ou à família suas descobertas e experiências. É como no *Project Runway* – com a diferença de que as próprias crianças propõem o projeto e que a recompensa ao final do dia é a chance de compartilhar o que criaram e tudo que aprenderam no caminho.

TENTE BOLETINS FEITOS PELOS ALUNOS

Um grande número de alunos cruza a porta da escola com um objetivo: obter boas notas. E, muitas vezes, a melhor forma de fazer isso é acompanhar o programa de aulas, evitar riscos e oferecer as respostas que o professor quer, do jeito que ele quer. Boas notas se tornam uma recompensa à obediência – mas não têm muito a ver com aprendizado. Enquanto isso, alunos cujas notas ficam aquém das expectativas sentem que fracassaram e desistem de aprender.

A abordagem Tipo I é diferente. Boletins não são um prêmio potencial, mas uma maneira de oferecer aos estudantes feedback útil sobre seu progresso. E estudantes Tipo I entendem que um ótimo feedback é a avaliação do próprio progresso.

Então, tente um boletim feito pelos alunos. No início do semestre, peça que listem suas principais metas de aprendizado, e, ao final de cada semestre, peça que criem o próprio boletim com uma análise de um ou dois parágrafos do progresso que fizeram. Em que se saíram bem? Em que ficaram aquém? O que mais precisam aprender? Uma vez que os alunos tenham completado seu "autoboletim", mostre o do professor e deixe que a comparação entre os dois guie a conversa sobre como estão se saindo em sua jornada rumo à excelência. Talvez você possa incluir alunos nas reuniões de pais e professores. (Pais: se o professor do seu filho não aceitar essa ideia, tente fazer em casa. É uma alternativa para impedir a escola de mudar a configuração padrão do seu filho e transformá-lo de Tipo I em Tipo X.)

DÊ A SEUS FILHOS UMA MESADA E ALGUMAS TAREFAS DOMÉSTICAS – MAS NÃO AS VINCULE

Por que dar mesada é bom para os filhos: dispor de um pouco de dinheiro próprio e decidir como poupá-lo ou gastá-lo oferece um grau de autonomia e ensina a serem responsáveis com dinheiro.

Por que atribuir tarefas domésticas é bom para os filhos: elas mostram que famílias se baseiam em obrigações mútuas e que seus membros precisam ajudar uns aos outros.

Por que vincular mesada a tarefas não é bom para os filhos: ao associarem o dinheiro à realização das tarefas, os pais transformam uma mesada em uma recompensa do tipo "desde que", transmitindo aos filhos uma mensagem clara (e claramente equivocada): na ausência de um pagamento, nenhuma criança que se preze iria, de bom grado, tirar a mesa, remover o lixo ou fazer a própria cama. Isso converte uma obrigação moral e familiar em mais uma transação comercial – e ensina que a única razão para realizar uma tarefa menos desejável para sua família é em troca de pagamento. Esse é um caso em que a soma de duas coisas boas dá resultado negativo, não positivo. Assim, mantenha mesada e tarefas separadas, e aquela lata de lixo será esvaziada. Ainda melhor: seus filhos vão começar a aprender a diferença entre princípios e pagamentos.

FORNEÇA ELOGIOS... DA MANEIRA CERTA

Quando feito da maneira certa, o elogio é um instrumento importante para dar feedback e encorajamento aos filhos. Mas, se feito da maneira errada, pode se tornar uma recompensa do tipo "desde que", capaz de esmagar a criatividade e sufocar a motivação intrínseca.

O trabalho poderoso da psicóloga Carol Dweck, bem como outros no campo, fornece uma lista prática de como oferecer elogios para promover o comportamento Tipo I:

- **Elogie esforço e estratégia, não inteligência.** Como mostraram as pesquisas de Dweck, crianças que são elogiadas por "serem inteligentes" costumam acreditar que cada encontro é um teste para comprovar se realmente são. Assim, para não parecerem burras, resistem a desafios novos e optam pelo caminho mais fácil. Já as crianças que entendem que o esforço leva à excelência e ao crescimento estão mais dispostas a assumir novas tarefas difíceis.
- **Seja específico.** Pais e professores devem dar informações úteis sobre o desempenho das crianças. Em vez de enchê-las de generalidades, diga o que exatamente de notável fizeram.
- **Converse em particular.** Elogio é feedback, não uma cerimônia de premiação. Por isso, costuma ser melhor quando dito em particular.
- **Elogie apenas quando houver uma boa razão para isso.** Não subestime a inteligência da criança. Ela consegue identificar

falsos elogios em um nanossegundo. Seja sincero – ou não diga nada. Se você exagerar nos louvores, as crianças vão considerá-los desonestos e imerecidos. Além disso, elogiar demais vira outra recompensa contingente, que torna o elogio, e não a aquisição da excelência, o objetivo.

AJUDE AS CRIANÇAS A VEREM O QUADRO GLOBAL

Nos sistemas educacionais inclinados para provas padronizadas, notas e recompensas contingentes, os alunos geralmente não têm a menor ideia de por que fazem o que fazem. Mude isso ajudando seus filhos a visualizarem o quadro global. Seja o que for que estiverem estudando, eles precisam ter respostas a estas perguntas: Por que estou aprendendo isto? Qual a relevância disto para o mundo em que vivo? Depois, saia da sala de aula e aplique o que estão estudando. Se estão estudando espanhol, leve-os a um escritório, loja ou centro comunitário onde possam realmente falar o idioma. Se estão estudando geometria, faça com que desenhem planos arquitetônicos para um acréscimo à escola ou à casa. Se estão estudando história, peça que apliquem o que aprenderam a um acontecimento do noticiário. Pense nisso como a quarta habilidade básica: leitura, escrita, matemática... e relevância.

CONFIRA ESTAS CINCO ESCOLAS DE TIPO I

Embora a maioria das escolas no mundo ainda se baseie no sistema operacional Motivação 2.0, um bom número de educadores pioneiros há muito entendeu que o terceiro impulso transborda nos jovens. Confira cinco escolas americanas Tipo I com práticas que vale reproduzir e histórias que inspiram.

- **Big Picture Learning.** Desde 1996, quando foi erguida sua principal escola pública de ensino médio, a Met (em Providence, Rhode Island), a Big Picture Learning vem criando lugares que cultivam o envolvimento em vez de exigirem obediência. Fundada por dois inovadores veteranos na área da educação, Dennis Littky e Elliot Washor, a Big Picture é uma organização não lucrativa com atualmente mais de sessenta escolas nos Estados Unidos que põem os estudantes no comando do próprio aprendizado. Na Big Picture, os alunos recebem o conteúdo, mas também aplicam esse conteúdo e adquirem outras habilidades realizando trabalhos reais na comunidade – tudo sob a orientação de um preceptor adulto experiente. E, em vez de provas e trabalhos ao estilo Motivação 2.0, facilmente manipuláveis, os alunos são avaliados da mesma forma que adultos: por desempenho, apresentações individuais, esforço, postura e comportamento. A maioria dos alunos da Met e de outras escolas da Big Picture são jovens de minorias e de baixa renda que eram mal atendidos pelas escolas convencionais. Graças a essa abordagem Tipo I, mais de 95% deles se formam e vão para a faculdade. Mais informações em bigpicture.org. (Confesso: eu mesmo trabalho, como voluntário, na diretoria da Big Picture desde 2007.)
- **Sudbury Valley School.** Dê uma olhada nessa escola independente em Framingham, Massachusetts, para ver o que acontece quando jovens têm autonomia genuína. Partindo do princípio de que todos os seres humanos são naturalmente curiosos e que a melhor forma de aprendizado ocorre quando desencadeada e buscada por quem está aprendendo, a Sudbury Valley School dá a seus alunos controle total sobre a tarefa, o tempo e a técnica de seu aprendizado. Professores e funcionários estão ali para ajudá-los a fazer as coisas

acontecerem. Trata-se de uma escola onde o envolvimento é a regra e a complacência não é uma opção. Mais informações em www.sudval.org.

- **The Tinkering School.** Mais um laboratório que uma escola, esse programa de verão criado pelo cientista da computação Gever Tulley permite que jovens dos 7 aos 17 anos brinquem com materiais interessantes e desenvolvam produtos bacanas. Em sua sede em Montara, Califórnia, os alunos de Tulley desenvolveram: tirolesas, motocicletas, escovas de dentes robóticas, montanhas-russas e pontes de sacolas de plástico com resistência suficiente para sustentar pessoas. A maioria de nós não tem condições de enviar os filhos para uma semana de experimentação na Califórnia, mas podemos aprender as "Cinco coisas perigosas que você deveria deixar seus filhos fazerem". Dedique nove minutos a ouvir o TED Talk de Tulley, de 2007, com esse título, disponível on-line (em inglês, "Five Dangerous Things You Should Let Your Children Do"). Depois, dê a seus filhos um canivete, algumas ferramentas e uma caixa de fósforos – e não os atrapalhe. Mais informações em tinkeringschool.com (há um link para a palestra de Tulley).
- **Puget Sound Community School.** Como a Sudbury e a Big Picture, essa minúscula escola independente em Seattle, Washington, dá aos alunos uma dose radical de autonomia, virando de ponta-cabeça a abordagem padronizada das escolas convencionais. Cada aluno tem um orientador que atua como seu coach pessoal, ajudando-o a alcançar as próprias metas de aprendizado. A "escola" combina horas de aula e projetos de estudo independentes e autocriados, além de serviços comunitários concebidos pelos alunos. Como passam um bom tempo do curso distantes do campus, os jovens adquirem uma

ideia clara de que seu aprendizado tem um propósito no mundo real. E, em vez de se preocuparem com as notas, recebem feedback frequente e informal dos orientadores, professores e colegas. Mais informações em pscs.org.

- **Escolas Montessori.** A Dra. Maria Montessori desenvolveu o método Montessori de ensino no início do século XX, após observar a curiosidade natural das crianças e seu desejo inato de aprender. Sua clara compreensão do terceiro impulso levou à criação de uma rede mundial de escolas, a maioria para alunos da pré-escola e do ensino fundamental. Muitos dos preceitos-chave de uma educação montessoriana se assemelham aos princípios da Motivação 3.0: as crianças naturalmente se envolvem no aprendizado espontâneo e no estudo independente; os professores devem agir como observadores e facilitadores desse aprendizado, e não como conferencistas ou comandantes; e as crianças são naturalmente inclinadas a experimentar períodos de concentração intensa e de fluxo que os adultos devem fazer o possível para não interromper. Embora escolas Montessori em níveis acima do ensino fundamental sejam raras, cada instituição, educador e pai pode aprender com sua abordagem duradoura e bem-sucedida. E, quando for pesquisar mais sobre Montessori, aproveite para conferir duas outras abordagens de ensino que também promovem o comportamento Tipo I: a filosofia de Reggio Emilia para a educação de crianças e as escolas Waldorf. Mais informações nestes sites: montessori-ami.org, montessori.org, amshq.org, reggioalliance.org e whywaldorfworks.org. Sites brasileiros: Organização Montessori do Brasil: http://omb.org.br/; Federação das Escolas Waldorf do Brasil: http://www.fewb.org.br/; Colégio Reggio Emilia: https://reggioemilia.com.br/.

APRENDA COM OS DESESCOLARIZADOS

Nos Estados Unidos, o movimento do ensino domiciliar vem crescendo num ritmo notável nos últimos vinte anos. E o segmento desse movimento que mais cresce são os *"unschoolers"*, ou desescolarizados: famílias que não usam um currículo formal, preferindo permitir que seus filhos explorem e aprendam o que lhes interessa. Os desescolarizados estão entre os primeiros a adotar uma abordagem Tipo I da educação. Eles promovem a autonomia, permitindo aos jovens que decidam o que aprender e como aprender, e encorajam a excelência, permitindo às crianças que dediquem o tempo que quiserem e se aprofundem tanto quanto quiserem nos temas que lhes interessam. Mesmo que a desescolarização não sirva para você ou seus filhos, você pode aprender uma ou duas coisas com esses inovadores educacionais. Comece lendo o extraordinário livro *Dumbing Us Down*, de John Taylor Gatto. Dê também uma olhada na revista *Home Education* e em seu site. Depois, confira um dos muitos sites sobre a desescolarização. Mais informações em homeedmag.com, unschooling.com e sandratodd.com/unschooling. No Brasil, confira a página do Aprender Sem Escola no Facebook.

TRANSFORME ALUNOS EM PROFESSORES

Uma das melhores formas de saber se você dominou algo é tentar ensiná-lo. Dê aos estudantes essa oportunidade. Determine que cada aluno da turma ensine aos colegas um tópico diferente de um tema mais amplo que vocês estejam estudando. Uma vez feito isso, providencie um público maior: convide outras turmas, professores, pais ou administradores da escola para aprenderem o que eles têm a ensinar.

No início de um período letivo, também pergunte aos alunos sobre suas paixões e as áreas que conhecem mais a fundo. Tenha uma lista de especialistas nessas áreas e depois os convoque sempre que for necessário no decorrer do período. "Uma turma repleta de professores é uma turma repleta de aprendizado."

Dicas de leitura para o Tipo I: Quinze livros essenciais

Autonomia, excelência e propósito são fundamentais à condição humana, portanto não surpreende que uma série de autores – de psicólogos a jornalistas e romancistas – já tenha explorado esses três elementos e sondado o que significam para nossa vida. Esta lista de livros não é completa – mas é um bom ponto de partida para quem está interessado em cultivar uma vida Tipo I.

Jogos finitos e infinitos: A vida como jogo e possibilidades
JAMES P. CARSE

Em seu elegante e conciso livro, o acadêmico religioso Carse descreve dois tipos de jogo: um "jogo finito" tem um vencedor e um final, e a meta é o triunfo; um "jogo infinito" não tem vencedor nem final, e a meta é continuar jogando. Jogos não vencíveis, explica Carse, são bem mais recompensadores que aqueles do tipo ganhar ou perder a que estamos acostumados no trabalho e nos relacionamentos.

Insight Tipo I: "Jogadores finitos jogam dentro dos limites; jogadores infinitos jogam com os limites."

Desafiando o talento: Mitos e verdades sobre o sucesso
GEOFF COLVIN

Alguns são muito bons no que fazem, enquanto outros são excelentes – qual a diferença entre os dois grupos? Colvin, editor da revista *Fortune*, examina os indícios e mostra que a resposta é tríplice: prática, prática e prática. Mas não é apenas qualquer prática, ressalta ele. O segredo é a "prática deliberada": trabalho altamente repetitivo e mentalmente exigente, que costuma ser desagradável, mas de eficácia garantida.

Insight Tipo I: "Se você se propuser a se tornar um especialista em seu campo de atuação, imediatamente começará a fazer uma porção de coisas que não faz agora."

Flow: The Psychology of Optimal Experience
MIHALY CSIKSZENTMIHALYI

Difícil achar um argumento melhor para se dedicar com afinco a algo que você adora do que o livro memorável de Csikszentmihalyi sobre "experiências ideais". *Flow* descreve esses momentos euforizantes em que nos sentimos no controle e cheios de propósito. E revela como pessoas transformaram mesmo as piores tarefas em desafios agradáveis e recompensadores.

Insight Tipo I: "Ao contrário de nossa crença habitual [...] os melhores momentos da vida não são épocas passivas, receptivas, relaxantes – embora tais experiências também possam ser agradáveis, se tivermos dado duro para conquistá-las. Os melhores momentos geralmente ocorrem quando corpo e mente são levados ao limite num esforço voluntário por realizar algo difícil e que vale a pena."

Para explorar mais as ideias de Csikszentmihalyi, confira também três outros livros dele: *A descoberta do fluxo: A psicologia do envolvimento com a vida cotidiana*; *Creativity: Flow and the Psycho-*

logy of Discovery and Invention; e o clássico *Beyond Boredom and Anxiety: Experiencing Flow in Work and Play*.

Por que fazemos o que fazemos: Entendendo a automotivação
EDWARD L. DECI COM RICHARD FLASTE

Em 1995, Edward Deci escreveu um breve livro apresentando ao grande público suas teorias poderosas. Em um texto claro e acessível, ele discute as limitações de uma sociedade baseada no controle, explica as origens de seus experimentos notáveis e nos ensina a promover a autonomia em muitos domínios de nossa vida.

Insight Tipo I: "As perguntas que tantas pessoas se fazem – a saber, 'Como motivo as pessoas a aprenderem? A fazerem suas tarefas? A tomarem seu remédio?' – são as perguntas erradas. Estão erradas porque pressupõem que motivação é algo feito às pessoas, em vez de algo que as pessoas fazem."

Mindset: A nova psicologia do sucesso
CAROL DWECK

Dweck, da Universidade de Stanford, destila suas décadas de pesquisas em algumas ideias simples. As pessoas podem ter dois mindsets diferentes: aquelas com "mindset fixo" acreditam que seus talentos e habilidades estão gravados em pedra, enquanto aquelas com "mindset de crescimento" acreditam que seus talentos e capacidades podem ser desenvolvidos. Mindsets fixos veem cada encontro como um teste de seu valor, enquanto mindsets de crescimento veem os mesmos encontros como oportunidades de melhorar. A mensagem de Dweck é: escolha o crescimento.

Insight Tipo I: Em seu livro e em seu site (mindsetonline.com), Dweck oferece passos concretos para mudar de um mindset fixo para um de crescimento:

- Aprenda a detectar uma "voz" de mindset fixo que pode estar prejudicando sua resiliência.
- Interprete os desafios não como barreiras, mas como oportunidades de se desafiar.
- Use a linguagem do crescimento – por exemplo, "Não sei se consigo fazer isto agora, mas acho que, com tempo e esforço, posso aprender".

E nós chegamos ao fim
JOSHUA FERRIS

Este romance de estreia sombriamente hilário é uma história admonitória sobre os efeitos desmoralizantes do local de trabalho Tipo X. Numa agência publicitária não nomeada em Chicago, as pessoas passam mais tempo devorando donuts grátis ou furtando cadeiras do escritório do que realizando o trabalho real – tudo isso enquanto temem ser demitidas.

Insight Tipo I: "Eles haviam removido nossas flores, nossos dias de verão e nossos bônus, estávamos com os salários congelados e as contratações congeladas e as pessoas estavam debandando como manequins desmantelados. Tínhamos uma coisa ainda a nosso favor: a perspectiva de uma promoção. Um cargo novo: é verdade, vinha sem nenhum dinheiro, o poder era quase sempre ilusório, a concessão, um dispositivo esperto e barato concebido pela gerência para evitar que nos amotinássemos, mas, quando circulou a notícia de que um de nós havia sido promovido, aquela pessoa ficou um pouquinho mais tranquila naquele dia, fez um almoço mais prolongado do que normalmente, retornou com sacolas de compras, passou a tarde conversando baixinho ao telefone e partiu quando bem entendeu naquela noite, enquanto o resto de nós enviou e-mails para lá e para cá sobre os temas sublimes da Injustiça e da Incerteza."

Trabalho qualificado: Quando a excelência e a ética se encontram
HOWARD GARDNER, MIHALY CSIKSZENTMIHALYI E WILLIAM DAMON

Como fazer um "trabalho qualificado" em uma era de forças de mercado implacáveis e tecnologia veloz como um raio? Refletindo sobre estas três questões básicas: a missão da sua profissão, seus padrões ou "melhores práticas" e sua identidade. Embora este livro enfoque sobretudo exemplos dos campos da genética e do jornalismo, seus insights podem se aplicar a uma série de profissões fustigadas por tempos cambiantes. No site goodwork.org, os autores deram continuidade ao esforço de identificar indivíduos e instituições que exemplificam o "trabalho qualificado".

Insight Tipo I: "O que fazer quando você acorda de manhã e tem pavor de ir trabalhar porque a rotina diária já não satisfaz seus padrões?"

- Criar grupos ou fóruns com pessoas do seu setor ou fora dele, para alcançar além de sua área de influência atual.
- Interagir com outras organizações para confirmar os valores de sua profissão ou desenvolver diretrizes novas.
- Buscar outro trabalho. É uma atitude arriscada, sem dúvida, mas você não necessariamente estará abandonando suas metas profissionais ao deixar um emprego em nome de valores pessoais.

Fora de série: Outliers
MALCOLM GLADWELL

Com uma série de histórias irresistíveis e graciosamente narradas, Gladwell habilmente derruba a ideia do *"self-made man"*. O sucesso é mais complicado, diz ele. Pessoas bem-sucedidas – dos jovens jogadores de hóquei canadenses a Bill Gates e os Beatles – nem sempre são produtos de vantagens ocultas da cultura, do momento, da faixa demográfica e da sorte que as ajudaram a se tornar excelentes em seu campo de atuação. Este livro levará você a reavaliar seu percurso. E, mais importante, fará você se perguntar quanto potencial humano estamos perdendo quando essas vantagens são negadas a tanta gente.

Insight Tipo I: "Não é quanto dinheiro ganhamos que, em última análise, nos deixa satisfeitos entre as nove da manhã e as cinco da tarde. É se nosso trabalho nos preenche. Se eu lhe oferecesse uma escolha entre ser arquiteto por 6 mil dólares mensais e trabalhar num posto de pedágio pelo resto da vida por 8 mil, o que você preferiria? Acredito que a primeira opção, porque existe complexidade, autonomia e uma relação entre esforço e recompensa em fazer trabalho criativo, e, para a maioria, isso vale mais que dinheiro."

Lincoln
DORIS KEARNS GOODWIN

Em sua divertida e popular história, Goodwin mostra Abraham Lincoln como um exemplo do comportamento Tipo I. Ele se esforçou tremendamente para alcançar a excelência em direito e política, deu a seus rivais mais fiéis poder e autonomia e desenvolveu um estilo de liderança enraizado num propósito maior: acabar com a escravidão e manter intacta a união.

Insight Tipo I: Goodwin lança luz nas habilidades de liderança Tipo I de Lincoln. Entre elas:

- Ele era autoconfiante o suficiente para se cercar de rivais que se destacavam em áreas onde ele próprio era fraco.
- Ele genuinamente ouvia o ponto de vista de outras pessoas, o que o ajudava a formar opiniões próprias mais complexas.
- Ele dava crédito quando devido e não temia assumir a culpa.

The Amateurs: The Story of Four Young Men and Their Quest for an Olympic Gold Medal

DAVID HALBERSTAM

O que impeliria um grupo de homens a suportar dor física e exaustão incontáveis por um esporte que não prometia recompensa monetária nem fama? Essa é a pergunta no cerne da instigante narrativa de Halberstam sobre as dificuldades do remo americano, um livro que oferece um vislumbre do poder da motivação intrínseca.

Insight Tipo I: "Nenhum avião fretado ou ônibus transportou os atletas para Princeton. Nenhum assessor levou suas bagagens do ônibus para a recepção do hotel ou tomou providências para que na hora da refeição precisassem apenas aparecer e assinar o cheque. Aquele era um mundo de viagens de carona e camas emprestadas, e a comida, ainda que não faltasse, tinha um orçamento desesperadamente escasso para jovens tão famintos."

Punidos pelas recompensas: Os problemas causados por prêmios por produtividade

ALFIE KOHN

O ex-professor Kohn lança um desafio à aceitação cega da teoria behaviorista do "Faça isto e lhe darei aquilo" de B. F. Skinner. Este livro de 1993 perpassa escola, trabalho e vida privada em sua acusação contra os motivadores extrínsecos e pinta um quadro irresistível de um mundo sem eles.

Insight Tipo I: "Recompensas motivam pessoas? Claro que sim. Motivam pessoas a obter recompensas."

Kohn escreveu onze livros sobre criação de filhos, educação e comportamento – bem como dezenas de artigos sobre esses temas –, todos interessantes e provocadores. Mais informações em seu site: alfiekohn.org.

Era uma vez um corredor
JOHN L. PARKER JR.

O romance de Parker, publicado originalmente em 1978 e mantido vivo por fãs devotos, oferece um olhar fascinante sobre a psicologia da corrida de longa distância. A partir da história do corredor universitário Quenton Cassidy, vemos o preço que a excelência pode cobrar – e a emoção que pode produzir quando alcançada.

Insight Tipo I: "Ele corria não por razões criptorreligiosas, mas para vencer corridas, percorrer rápido o terreno. Não apenas para ser melhor que outros, mas melhor que si mesmo. Ser mais rápido por um décimo de segundo, por uma polegada, por dois pés ou duas jardas, mais do que havia sido na semana ou no ano anterior. Buscava superar as limitações físicas impostas a ele por um mundo tridimensional. Se conseguisse superar a fraqueza, a covardia em si, não se preocuparia com o resto; aquilo viria."

A guerra da arte: Supere os bloqueios e vença suas batalhas interiores de criatividade
STEVEN PRESSFIELD

O livro potente de Pressfield é tanto uma meditação sábia sobre os obstáculos que obstruem o caminho da liberdade criativa quanto um plano de batalha vigoroso para superar a resistência que surge quando resolvemos fazer algo grandioso. Essencial para quem está buscando uma rápida injeção de energia em sua jornada rumo à excelência.

Insight Tipo I: "Pode ser que a raça humana não esteja preparada para a liberdade. O ar da liberdade talvez seja rarefeito demais para respirarmos. De fato, eu jamais estaria escrevendo este livro, sobre este tema, se viver com liberdade fosse fácil. O paradoxo parece ser, como Sócrates demonstrou tempos atrás, que o indivíduo realmente livre é livre apenas até os limites do domínio sobre si próprio, enquanto aqueles que não se governarem estão condenados a encontrar senhores que os governem."

Virando a própria mesa: Uma história de sucesso empresarial made in Brazil
RICARDO SEMLER

Enquanto muitos chefes têm mania de controle, Semler talvez seja o primeiro com mania de autonomia. Ele transformou a empresa industrial brasileira Semco por meio de uma série de passos radicais: demitiu a maioria dos gerentes, eliminou cargos, deixou os 3 mil funcionários da empresa fixarem o próprio horário, permitiu que todos votassem nas decisões principais e até deixou que alguns trabalhadores determinassem o próprio salário. O resultado: sob o (in)comando de Semler, a Semco cresceu 20% ao ano nas duas últimas décadas. Este livro, junto com o mais recente *The Seven-Day Weekend*, mostra como colocar em ação sua eficaz filosofia iconoclasta.

Insight Tipo I: "Quero que todos na Semco sejam autossuficientes. A empresa está organizada – bem, talvez esta não seja bem a palavra certa para nós – para não depender demais de nenhum indivíduo, muito menos de mim. Para mim é um orgulho que duas vezes, ao retornar de longas viagens, eu tenha descoberto que meu escritório fora transferido – e a cada vez ficou menor."

A quinta disciplina: A arte e prática da organização que aprende
PETER M. SENGE

Em seu clássico da administração, Senge apresenta aos leitores as "organizações que aprendem" – onde o pensamento autônomo e as visões de futuro compartilhadas não apenas são encorajados, mas considerados vitais à saúde da organização. As "cinco disciplinas" de Senge são uma excelente companhia para o comportamento Tipo I.

Insight Tipo I: "Pessoas com alto nível de excelência pessoal são capazes de perceber sistematicamente os resultados mais importantes para elas. Na verdade, elas encaram a vida como um artista encara uma obra de arte: empenhadas no aprendizado vitalício."

Ouça os gurus:
Seis pensadores de negócios que entenderam a ideia

Embora a lista de empresas que adotam o pensamento Tipo I seja lamentavelmente curta, os projetos para desenvolver essas organizações estão à nossa total disposição. Os seguintes seis pensadores de negócios nos dão orientações sábias para projetarmos organizações que promovam autonomia, excelência e propósito.

DOUGLAS MCGREGOR

Quem é: Psicólogo social e um dos primeiros professores da Sloan School of Management, do MIT. Seu livro notável de 1960, *Gerenciando o lado humano da empresa*, deu à prática da administração uma dose altamente necessária de humanismo.

Ideia principal: Teoria X vs. Teoria Y. McGregor descreve duas abordagens bem diferentes da administração, cada uma baseada em premissas diferentes sobre o comportamento humano. A primeira, que chama de Teoria X, pressupõe que as pessoas evitam o esforço, trabalham apenas por dinheiro e segurança e, portanto, precisam ser controladas. A segunda, que ele chama de Teoria Y, pressupõe que o trabalho é tão natural ao ser humano quanto a diversão ou o repouso, que temos iniciativa e criatividade em abundância e que, se estiverem comprometidas com uma meta, as pessoas chegam a buscar responsabilidades. A Teoria Y, segundo ele, é a abordagem mais precisa – e, em última análise, a mais eficaz.

Insight Tipo I: "Os gerentes sempre reclamam comigo que os subordinados 'de hoje' se esquivam de responsabilidades. Tive a curiosidade de observar com que frequência esses mesmos gerentes mantêm sob vigilância constante seus subordinados, às vezes dois ou três níveis abaixo deles."

Mais informações: Como expliquei no Capítulo 3, *Gerenciando o lado humano da empresa* é um antecessor fundamental da Motivação 3.0. Embora seja um livro de longos trinta anos atrás, as observações de McGregor sobre os limites do controle permanecem inteligentes, atuais e relevantes.

PETER F. DRUCKER

Quem é: O mais influente pensador de administração do século XX. Escreveu o incrível total de 41 livros, influenciou o pensamento de duas gerações de CEOs, recebeu uma Medalha Presidencial da Liberdade dos Estados Unidos e lecionou por três décadas na Claremont Graduate University Business School, que agora leva seu nome.

Ideia principal: Autogestão. "A contribuição mais fundamental de Drucker não é uma ideia única", escreveu Jim Collins, "mas todo um corpo de trabalho com uma vantagem gigantesca: é quase por inteiro essencialmente certo." Drucker cunhou o termo "trabalhador do conhecimento", previu a ascensão do setor sem fins lucrativos e foi um dos primeiros a enfatizar o primado do consumidor na estratégia de negócios. Porém, embora seja conhecido sobretudo por sua visão sobre a gestão de empresas, mais ao final da carreira sinalizou a próxima linha de frente: a autogestão. Com o aumento da longevidade e o declínio da segurança no emprego, argumentou ele, os indivíduos precisam pensar bem sobre onde residem suas forças, em que podem contribuir e como podem melhorar seu desempenho. "A necessidade de gerir a si próprio", escreveu ele pouco antes de morrer, em 2005, está "revolucionando os negócios humanos."

Insight Tipo I: "Exigir dos trabalhadores do conhecimento que definam as próprias tarefas e resultados é necessário porque trabalhadores do conhecimento precisam ser autônomos [...] deve-se pedir aos trabalhadores que analisem os próprios planos de trabalho e depois os apresentem. Em que vou me concentrar? Quais resultados podem ser esperados pelos quais devo ser responsabilizado? Em que prazo?"

Mais informações: Drucker escreveu muitos livros, e muitos outros foram escritos sobre ele, mas um bom ponto de partida é *The Daily Drucker*, uma pequena joia que nos dá 366 insights e "pontos de ação" para pôr suas ideias em prática. Sobre o tema da autogestão, leia um artigo seu publicado em 2005 na *Harvard Business Review*, "Managing Oneself". Para mais informações e acesso a arquivos digitais de seus textos, visite druckerinstitute.com.

JIM COLLINS

Quem é: Uma das vozes mais respeitadas atualmente nos negócios e autor de *Feitas para durar* (com Jerry Porras), *Empresas feitas para vencer* e, mais recentemente, *Como as gigantes caem*. Ex-professor da Stanford Graduate School of Business, ele hoje dirige o próprio laboratório de práticas gerenciais em Boulder, Colorado.

Ideias principais: Automotivação e grandeza. "Gastar energia tentando motivar as pessoas é, em grande medida, uma perda de tempo", sustenta Collins em *Empresas feitas para vencer*. "Se você conta com as pessoas certas a bordo, elas estarão automotivadas. Assim, a pergunta real se torna: Como gerenciar de modo a não desmotivar as pessoas?"

Insight Tipo I: Collins sugere quatro práticas básicas para criar uma cultura em que a automotivação possa florescer.

1. "Lidere com perguntas, não com respostas."
2. "Envolva com diálogo e debate, não com coerção."
3. "Realize exames profundos sem culpa."
4. "Desenvolva mecanismos de alerta." Em outras palavras, garanta que seja fácil para funcionários e clientes se manifestarem quando identificarem um problema.

Mais informações: O site de Collins contém mais informações sobre sua obra, bem como excelentes ferramentas de diagnóstico, guias e vídeos: jimcollins.com.

CALI RESSLER E JODY THOMPSON

Quem são: Estas duas ex-profissionais de recursos humanos da Best Buy persuadiram seu CEO a testar uma abordagem nova e radical da organização do trabalho. Escreveram um livro sobre suas experiências, *Chega de tédio! A mudança que tornará o seu trabalho apaixonante*, e hoje têm uma empresa de consultoria própria.

Ideia principal: O ambiente de trabalho orientado para resultados (ATOR). O ATOR, como descrito no Capítulo 4, proporciona aos funcionários autonomia completa sobre quando, onde e como realizam seu trabalho. A única coisa que importa são os resultados.

Insight Tipo I: Alguns princípios básicos do ATOR:
"As pessoas, em qualquer nível, param de fazer qualquer atividade que seja um desperdício de seu tempo, do tempo do cliente ou do tempo de sua empresa."
"Os empregados têm a liberdade de trabalhar do jeito que quiserem."
"Toda reunião é opcional."
"Não existe marcação de ponto."

Mais informações: Você pode descobrir mais sobre o ATOR no site culturerx.com.

GARY HAMEL

Quem é: "O maior expert do mundo em estratégia de negócios", segundo a *Business Week*. É coautor do influente livro *Competindo pelo futuro*, professor da London Business School e diretor do MLab, com sede na Califórnia, onde lidera as "*moonshots* da administração", um conjunto de enormes desafios para reformar a teoria e a prática da gestão corporativa.

Ideia principal: A administração é uma tecnologia ultrapassada. Hamel compara a administração com o motor de combustão interna – uma tecnologia que em grande parte deixou de evoluir. Ponha um CEO da década de 1960 em uma máquina do tempo e transporte-o a 2010, diz Hamel, e esse CEO "acharia que muitos dos atuais rituais da administração pouco mudaram em relação aos que governavam a vida corporativa uma ou duas gerações atrás." Não é de admirar, diz Hamel. "A maioria das ferramentas e técnicas essenciais da administração moderna foi inventada por indivíduos nascidos no século XIX, não muito depois da Guerra de Secessão." A solução? Uma reformulação radical dessa tecnologia envelhecida.

Insight Tipo I: "Da próxima vez que você participar de uma reunião em que estiverem debatendo como extrair mais incrementos de desempenho da sua força de trabalho, experimente dizer: 'Com que finalidade, e em benefício de quem, estão pedindo aos nossos funcionários que deem mais de si? Será que nos comprometemos com um propósito que seja realmente merecedor da iniciativa, imaginação e paixão deles?"

Mais informações: *O futuro da administração*, de Hamel (com Bill Breen) é uma leitura importante. Para saber mais sobre as ideias e pesquisas de Hamel, acesse garyhamel.com e managementlab.org.

Boa forma Tipo I: Quatro dicas para se motivar a começar (e manter) um plano de atividades físicas

Na capa da edição original deste livro há um corredor – e não é por acaso. A corrida pode ter todos os elementos do comportamento Tipo I: é autônoma, permite buscar a excelência e as pessoas que a praticam, e que mais gostam da atividade, geralmente correm rumo a um propósito maior – para testar os próprios limites ou permanecer saudáveis e com energia. Para ajudá-lo a trazer o espírito da motivação intrínseca do escritório e da sala de aula para outro domínio da sua vida, confira quatro dicas para se manter em forma como um bom Tipo I.

Estabeleça as próprias metas. Não aceite um plano de exercícios padronizado, crie um que seja adaptado às suas necessidades e ao seu nível de aptidão física (você pode recorrer a um profissional, mas a palavra final deve ser sua). Também é importante que você defina os tipos certos de meta. Diversas pesquisas em comportamento mostram que pessoas que buscam perder peso por razões extrínsecas – para irem a um casamento ou a um reencontro da turma – com frequência alcançam sua meta, mas recuperam o peso assim que o evento-alvo termina. Já as pessoas que buscam metas mais intrínsecas (entrar em forma para se sentir bem ou permanecer saudável para estar ao lado da família) progridem mais devagar, mas obtêm resultados bem melhores a longo prazo.

Esqueça a esteira. A não ser que você goste realmente de esteiras, claro. Se ir à academia lhe parece uma obrigação chata, encontre uma maneira de se manter em forma que lhe seja prazerosa – que produza aqueles momentos embriagantes de fluxo. Reúna alguns amigos para uma partida informal de tênis ou basquete, entre para um time amador, faça caminhadas no parque, dance por meia hora ou brinque com seus filhos. Use o Efeito Sawyer a seu favor – e transforme sua malhação em diversão.

Mantenha a excelência em mente. Melhorar em algo é uma ótima fonte de energia renovável. Portanto, escolha uma atividade em que você possa progredir com o tempo. Aumentando constantemente a dificuldade – como nas tarefas Cachinhos Dourados – e fixando desafios mais audaciosos no decorrer do tempo, você pode renovar aquela energia e permanecer motivado.

Recompense a si mesmo da maneira certa. Se você está realmente com dificuldade, cogite uma rápida experiência com o Stickk (stickk.com), um site em que você pode se comprometer publicamente com uma meta e precisa doar dinheiro – a um amigo ou uma instituição de caridade, por exemplo – caso não a atinja. Mas, em geral, não se suborne com recompensas contingentes – do tipo "Se eu malhar quatro vezes por semana, vou me dar de presente uma camisa nova". O tiro pode sair pela culatra. E quanto à ocasional recompensa do tipo "agora que"? Sem problema. Se você nadou a distância que esperava esta semana, tudo bem se permitir uma massagem depois. Aí, não faz mal. E pode ser bem gostoso.

Motivação 3.0: Recapitulação

Este livro cobriu uma diversidade de questões e você pode não conseguir recordar tudo que leu. Pensando nisso, incluí aqui três diferentes resumos – para você ter bons argumentos durante as conversas, para servir como curso de reciclagem ou como exercício de memória.

RESUMO TIPO TWITTER*

Recompensas & punições são uma dupla do século passado. Segundo o livro *Motivação 3.0*, o trabalho do século XXI pede um upgrade para a tríade autonomia, excelência & propósito.

RESUMO PARA UM EVENTO SOCIAL**

Quando se trata de motivação, existe uma lacuna entre o que a ciência sabe e o que as empresas fazem. O sistema operacional utilizado atualmente – que gira em torno de motivadores externos,

---

* Máximo de 140 caracteres, como exigido pela plataforma (ver twitter.com). Fique à vontade para tuitar este resumo ou um de sua autoria.
** Máximo de 100 palavras ou menos de um minuto falando.

baseados em recompensas e punições – não funciona e, pior, muitas vezes prejudica. Precisamos de uma atualização do sistema. E a ciência mostra o caminho. Essa abordagem nova se baseia em três elementos essenciais: (1) Autonomia – o desejo de dirigir a própria vida; (2) Excelência – o impulso de estar sempre melhorando em algo de relevância; e (3) Propósito – a necessidade de atuar a serviço de algo maior.

RESUMO CAPÍTULO POR CAPÍTULO

Introdução. Os intrigantes quebra-cabeças de Harry Harlow e Edward Deci

O ser humano possui um impulso biológico que inclui fome, sede e sexo. Temos também outro impulso há muito reconhecido: o de reagir a recompensas e punições em nosso ambiente. Mas, em meados do século XX, alguns cientistas começaram a descobrir que temos, ainda, um terceiro impulso: aquele que alguns chamam de "motivação intrínseca". Há décadas, estudiosos do comportamento vêm descobrindo sua dinâmica e explicando o poder do terceiro impulso. Infelizmente, porém, o mundo dos negócios não alcançou essa nova compreensão. Se quisermos fortalecer nossas empresas, engrandecer nossa vida e melhorar o mundo, precisamos eliminar a lacuna entre o que a ciência sabe e o que as empresas fazem.

PARTE UM. UM NOVO SISTEMA OPERACIONAL

Capítulo 1. Ascensão e queda da Motivação 2.0

As sociedades, à semelhança dos computadores, possuem sistemas operacionais – um conjunto de instruções e protocolos, na maioria invisíveis, com base nos quais tudo funciona. O primeiro sistema operacional humano – que vamos chamar de Motivação 1.0 – era voltado para a sobrevivência. Seu sucessor, Motivação 2.0, girava em torno de recompensas e punições externas, e funcionou bem para tarefas rotineiras do século XX. No século XXI, contudo, a Motivação 2.0 está se mostrando incompatível com o modo como organizamos nossas ações, como pensamos sobre nossas ações e como agimos. Precisamos de uma atualização do sistema.

Capítulo 2. Sete razões pelas quais recompensas e punições (geralmente) não funcionam...

Quando o método de recompensas e punições encontra nosso terceiro impulso, coisas estranhas começam a acontecer. Recompensas tradicionais, do tipo "desde que" – recompensas contingentes, oferecidas previamente e com a condição de que a tarefa seja feita –, podem nos dar menos do que queremos: extinguir a motivação intrínseca, diminuir o desempenho, esmagar a criatividade e eliminar o bom comportamento. Podem também produzir uma quantidade maior do que não queremos: encorajar comportamentos desonestos, criar vícios e estimular o pensamento de curto prazo. Esses são os bugs do nosso sistema operacional atual.

Capítulo 2A. ... e as circunstâncias especiais em que funcionam

Recompensas e punições não são de todo ruins. Elas podem funcionar bem para tarefas rotineiras, baseadas em regras – porque nesses casos há pouca motivação intrínseca (que esse método ameaça reduzir) e não muita criatividade (que ameaça esmagar). E podem ser ainda mais eficazes se quem oferece as recompensas justificar a necessidade da tarefa, reconhecer que é tediosa e permitir que as pessoas tenham autonomia sobre como realizá-la. Para tarefas conceituais não rotineiras, recompensas são mais perigosas – especialmente aquelas da variedade "desde que". Em contrapartida, recompensas do tipo "agora que" – recompensas não contingentes, oferecidas apenas depois que a tarefa é concluída – podem às vezes funcionar para o trabalho criativo, ou seja, aquele que envolve o lado direito do cérebro, ainda mais se fornecerem informações úteis sobre o desempenho obtido na tarefa em questão.

Capítulo 3. Tipo I e Tipo X

A Motivação 2.0 estimulava e dependia do comportamento tipo X – comportamento alimentado mais por desejos extrínsecos do que pelos intrínsecos e preocupado menos com a satisfação inerente a uma atividade e mais com as recompensas externas às quais uma atividade leva. A Motivação 3.0 – a atualização necessária para o bom funcionamento da empresa do século XXI – estimula e depende do comportamento Tipo I, que se preocupa menos com as recompensas externas trazidas por uma atividade e mais com a satisfação inerente à atividade em si. Para o sucesso profissional e a realização pessoal, é fundamental que mudemos do Tipo X para o Tipo I. A boa notícia é que não se nasce Tipo I, torna-se – e o comportamento Tipo I leva a melhorias no desempenho, na saúde e no bem-estar geral.

PARTE DOIS. OS TRÊS ELEMENTOS

Capítulo 4. Autonomia

Nossa "configuração padrão" é sermos autônomos, mas, infelizmente, as circunstâncias – que incluem ideias ultrapassadas de "administração" – muitas vezes conspiram para mudar essa configuração padrão e nos transformar em Tipo X. Para encorajar o comportamento Tipo I e o alto desempenho que ele possibilita, o primeiro requisito é autonomia. As pessoas precisam de autonomia sobre a tarefa (o que fazem), o tempo (quando fazem), o time (com quem fazem) e a técnica (como fazem). Empresas que oferecem autonomia, às vezes em doses radicais, estão superando seus concorrentes.

Capítulo 5. Excelência

Enquanto a Motivação 2.0 requer obediência, a Motivação 3.0 requer engajamento. Somente o engajamento pode conduzir à excelência – tornar-se melhor em algo relevante. E a busca pela excelência, uma parte importante mas muitas vezes dormente de nosso terceiro impulso, tornou-se essencial para se abrir caminho na economia. A excelência começa pelo "fluxo" – aqueles momentos em que os desafios que enfrentamos são perfeitamente compatíveis com nossas habilidades. Locais de trabalho inteligentes, portanto, complementam as atividades do dia a dia com "tarefas Cachinhos Dourados": nem difíceis demais, nem fáceis demais. Mas a excelência segue três regras peculiares. Primeira, ela é um mindset: exige a capacidade de ver nossas habilidades não como finitas, mas como infinitamente suscetíveis de melhoria. Segunda, é sofrimento: exige esforço, determinação e prática deliberada. E, terceira, é uma assíntota: impossível de alcançar plenamente, o que a torna ao mesmo tempo frustrante e sedutora.

Capítulo 6. Propósito

Os seres humanos, por sua natureza, buscam propósito – uma causa maior e mais duradoura do que eles próprios. Mas as empresas tradicionais há muito consideram o propósito algo ornamental: um acessório bonitinho, desde que não atrapalhe as coisas importantes. Mas isso está mudando – graças, em parte, à onda crescente de baby boomers que, já mais velhos, vêm refletindo sobre a própria mortalidade. Na Motivação 3.0, a maximização do propósito vem lado a lado com a maximização do lucro, como uma aspiração e um princípio orientador. Dentro das organizações, essa novidade do "propósito como motivação" vem se expressando de três maneiras: em metas que usam o lucro para obter propósito; em palavras que enfatizam mais que o próprio interesse; e em políticas que permitem às pessoas buscar propósito por si mesmas. Essa mudança que associa a maximização do lucro à maximização do propósito tem o potencial de rejuvenescer nossas empresas e transformar nosso mundo.

Motivação 3.0: Glossário

> *Uma abordagem nova da motivação pede um vocabulário novo para conversarmos sobre ela. Este é o dicionário oficial da Motivação 3.0.*

Ambiente de trabalho orientado para resultados (ATOR): Criação de duas consultoras americanas, um ATOR é um local de trabalho onde os funcionários não têm horários. Eles não precisam estar no escritório a certa hora, ou mesmo em hora alguma. Precisam apenas realizar seu trabalho.

Assíntota da excelência: A consciência de que a plena excelência nunca será alcançada e é isso que torna sua busca atraente e ao mesmo tempo frustrante.

Comportamento Tipo I: Uma forma de pensar e uma abordagem da vida que gira em torno de motivadores intrínsecos, não extrínsecos. É acionado por nossa necessidade inata de dirigir nossa vida, aprender e criar coisas novas e tratar bem a nós mesmos e nosso mundo.

Comportamento Tipo X: Comportamento alimentado mais por desejos extrínsecos que intrínsecos e que se preocupa menos com a satisfação inerente a uma atividade e mais com as recompensas extrínsecas a que essa atividade leva.

Dias FedEx: Criados pela empresa de software australiana Atlassian, esses concentrados de autonomia em um dia permitem aos funcionários atacar qualquer problema que desejem – e, ao fim de 24 horas, mostrar os resultados ao restante da empresa. Por que esse nome? Porque é preciso entregar algo da noite para o dia.

Efeito Sawyer: Uma estranha alquimia comportamental inspirada por um trecho de *As aventuras de Tom Sawyer* em que Tom e seus amigos pintam com cal a cerca de tia Polly. Esse efeito tem dois aspectos. O negativo: recompensas podem transformar diversão em trabalho. O positivo: visar à excelência pode transformar trabalho em diversão.

Motivação 1.0, 2.0 e 3.0: Os sistemas operacionais motivacionais, ou conjuntos de pressupostos e protótipos sobre como o mundo funciona e os seres humanos se comportam, que são executados sob nossas leis, sistemas econômicos e práticas empresariais. A Motivação 1.0 supõe que os seres humanos são criaturas biológicas, lutando apenas para sobreviver. A Motivação 2.0 supõe que os seres humanos também reagem a recompensas e punições em seu ambiente. A Motivação 3.0, a atualização que hoje se faz necessária, supõe que os seres humanos possuem um terceiro impulso: aprender, criar e tornar o mundo melhor.

Recompensas "agora que": Recompensas oferecidas após uma tarefa ser completada – como em "Agora que você fez este excelente serviço, vamos reconhecer a realização". Embora tenham certas restrições, recompensas do tipo "agora que" são menos perigosas para tarefas não rotineiras que as do tipo "desde que".

Recompensas básicas: Salário, pagamentos contratuais, benefícios e outras vantagens que constituem o piso para a remuneração. Se as recompensas básicas não são adequadas ou justas, a pessoa será absorvida pela injustiça de sua situação ou pela ansiedade de suas circunstâncias, o que tornará qualquer tipo de motivação extremamente difícil.

Recompensas "desde que": Recompensas oferecidas como contingências – como em "Se você fizer isto, ganhará aquilo". Para tarefas rotineiras, recompensas do tipo "desde que" podem ser eficazes, mas para tarefas criativas, conceituais, sempre prejudicam mais do que ajudam.

Trabalho não rotineiro: Trabalho criativo, conceitual, envolvendo o lado direito do cérebro, que não pode ser reduzido a um conjunto de regras. Quem não realiza esse tipo de trabalho atualmente se verá obrigado a mudar de atividade em breve.

Trabalho rotineiro: Trabalho que pode ser reduzido a um roteiro, uma folha de especificações, uma fórmula ou uma série de instruções. Recompensas externas podem ser eficazes para motivar tarefas rotineiras, mas como tais trabalhos algorítmicos, baseados em regras, envolvendo o lado esquerdo do cérebro, tornaram-se mais fáceis de terceirizar no exterior e automatizar, também passaram a ser menos valiosos e menos importantes nas economias avançadas.

Tarefas Cachinhos Dourados: O ponto ideal das tarefas, quando não são fáceis demais nem difíceis demais. Essenciais para alcançarmos o estado de "fluxo" e adquirirmos excelência.

20% de tempo: Iniciativa implementada em algumas poucas empresas onde os funcionários podem dedicar 20% de seu tempo a qualquer projeto que escolham.

Guia de discussão sobre *Motivação 3.0*: Vinte formas de iniciar uma conversa para fazer você refletir e debater

Hoje em dia, os escritores podem ter a palavra inicial. Mas não têm a palavra final – e nem devem ter; esta cabe a você. Portanto, agora que terminou a leitura, saia por aí e elogie ou critique o livro em seu blog ou sua rede social favorita. Mas, se deseja de fato dar vida às ideias de Motivação 3.0, *converse sobre elas pessoalmente – com colegas do trabalho, amigos da faculdade ou em um clube de leitura. É assim que o mundo muda: de conversa em conversa. A seguir estão vinte perguntas para alimentar suas discussões.*

1. Pink conseguiu convencê-lo de que há uma lacuna entre o que a ciência sabe e o que as organizações fazem? Você concorda que precisamos atualizar nosso sistema operacional motivacional? Por quê? Ou por que não?
2. Como a Motivação 2.0 afetou suas experiências na faculdade, no trabalho e na vida familiar? Se a Motivação 3.0 fosse o método predominante quando você era jovem, o que teria sido diferente?
3. Você se considera mais Tipo I ou Tipo X? Por quê? Pense em três pessoas que você conheça (seja em casa, no trabalho ou na

faculdade): elas são mais Tipo I ou Tipo X? O que o faz pensar assim?

4. Descreva uma época em que você viu uma das sete falhas mortais do método "cenoura ou chicote" em ação. Quais lições você e outros poderiam tirar dessa experiência? Você já viveu casos em que esse método funcionou?

5. Até que ponto seu emprego atual está satisfazendo sua necessidade de "recompensas básicas" (salário, benefícios e outras vantagens)? Se não está, quais mudanças você ou sua organização podem fazer?

6. Pink faz uma distinção entre trabalho "rotineiro" e "não rotineiro". Quanto do seu trabalho é rotineiro? Quanto é não rotineiro?

7. Se você é chefe, como poderia substituir recompensas do tipo "desde que" por um ambiente mais autônomo e a ocasional recompensa do tipo "agora que"?

8. Pensando sobre seu melhor trabalho até hoje, qual aspecto da autonomia você avalia que foi mais importante para você? Autonomia sobre o que você fez (tarefa), quando fez (tempo), como fez (técnica) ou com quem fez (time)? Por quê? De quanta autonomia você dispõe no trabalho agora? É suficiente?

9. Iniciativas como Dias FedEx, 20% de tempo e ATOR funcionariam em sua organização? Por quê, ou por que não? Quais outras ideias gerariam mais comportamentos Tipo I no seu local de trabalho?

10. Descreva uma época recente em que você tenha experimentado o "fluxo". O que estava fazendo? Onde estava? Como você poderia modificar seu papel atual para provocar mais dessas experiências ideais?

11. Existe algo que você alguma vez tenha desejado aprender mas que não fez por razões como "Sou velho demais" ou "Nunca serei bom nisto" ou "Seria uma perda de tempo"? Quais as bar-

reiras para fazer uma tentativa? Como você pode remover essas barreiras?

12. Você está em condições de delegar alguma das tarefas que podem estar afastando-o de atividades mais desafiadoras? Como você poderia delegar essas tarefas, mas sem retirar a autonomia dos seus colegas de trabalho?

13. Como você reformularia seu escritório, sua sala de aula ou sua casa (ambiente físico, processos, regras) para promover maior engajamento e busca pela excelência em todos?

14. Ao enfrentar as tarefas rotineiras que seu emprego exige, quais estratégias você poderia aplicar para desencadear o lado positivo do Efeito Sawyer?

15. *Motivação 3.0* fala muito sobre propósito – tanto para organizações como para indivíduos. Sua organização tem um propósito? Qual? Se sua organização não tem fins lucrativos, o propósito é uma meta realista, dadas as pressões competitivas em todos os setores?

16. Você está num caminho rumo ao propósito – seja na carreira, na vida familiar ou no trabalho voluntário? Qual é esse propósito?

17. Você concorda que a educação hoje é excessivamente Tipo X, ou seja, enfatiza demais as recompensas extrínsecas? Em caso positivo, o que deveríamos mudar nas escolas e salas de aula? Existe um meio saudável de conciliar motivação intrínseca e responsabilização?

18. Se você é mãe ou pai, seu ambiente doméstico promove mais o comportamento Tipo I ou o Tipo X no(s) seu(s) filho(s)? Como? Que medidas você deveria tomar a respeito, se é que deve tomar alguma?

19. Você acha que Pink não dá a devida importância à necessidade de subsistência? A visão que ele expõe da Motivação 3.0 é utópica demais?

20. O que realmente motiva você? Agora, relembre como foi sua semana passada. Quantas daquelas 168 horas foram dedicadas a essas coisas? Você tem como melhorar isso?

Outras perguntas possíveis:
_____
_____
_____
_____
_____
_____

Descubra mais sobre si mesmo e sobre o tema

Você é Tipo I ou Tipo X?

Faça on-line uma avaliação abrangente e gratuita (em inglês):
www.danpink.com/drive.html

Você tem interesse em receber atualizações regulares sobre a ciência e a prática da motivação humana?

Assine o Drive Times, uma newsletter trimestral gratuita (em inglês):
www.danpink.com/drive.html

AGRADECIMENTOS

É hora de tirar o chapéu para aqueles que me mantiveram motivado.

Na Riverhead Books, as habilidades de Jake Morrissey como editor só se compararam a seus talentos como terapeuta. Ele tornou este livro melhor sem enlouquecer ainda mais seu autor. Obrigado também a Geoff Kloske, que me apoiou entusiasticamente neste projeto desde o início, e à extraordinária equipe de produção da Riverhead, pela competência e paciência.

Rafe Sagalyn entendeu a promessa contida neste livro antes mesmo de mim e o defendeu com seu toque sempre hábil. Sou grato por tê-lo como agente literário e amigo. Saudações também à talentosa Bridget Wagner, que divulgou *Motivação 3.0* a editoras de todo o mundo.

Vanessa Carr foi incrível em encontrar estudos de psicologia social obscuros nos recônditos da internet e nas estantes empoeiradas de bibliotecas universitárias. Rob Ten Pas mais uma vez usou seu notável talento para criar ilustrações que dessem vida às minhas palavras não tão notáveis. Sarah Rainone foi de uma ajuda espetacular em conduzir o projeto à linha de chegada durante um verão quente e fatigante. Anotem esses três nomes, pessoal. São astros.

Um dos prazeres de trabalhar neste livro foi ter umas poucas e longas conversas e entrevistas com Mike Csikszentmihalyi, Ed Deci e Rich Ryan, que há muito são meus heróis. Se houvesse justiça no mundo, todos os três ganhariam um Prêmio Nobel – e, se essa justiça tivesse um ligeiro senso de humor, seria o de Economia. Quaisquer erros ou interpretações errôneas do seu trabalho são culpa minha, não deles.

É mais ou menos neste ponto que escritores que são pais pedem desculpas aos filhos pelos jantares perdidos. Eu não. Não sou de perder refeições. Mas faltei a quase tudo mais por vários meses, o que forçou os incríveis pequenos Pink – Sophia, Eliza e Saul, a quem dedico *Motivação 3.0* – a uma existência "apaternal" por um tempo. Me perdoem. Felizmente, como já ficou evidente a esta altura, preciso de vocês bem mais do que vocês de mim.

E a mãe dos três, Jessica Anne Lerner. Como sempre, Jessica foi a primeira, última e mais honesta caixa de ressonância para cada ideia que proferi. E, como sempre, Jessica leu cada palavra que escrevi – milhares delas em voz alta, inclusive, enquanto eu ouvia me encolhendo todo. Por essas pequenas razões, e por muitas outras maiores que não são da conta de vocês, esta linda e graciosa mulher me deixa de queixo caído – em admiração e amor.

REFERÊNCIAS BIBLIOGRÁFICAS

INTRODUÇÃO. OS INTRIGANTES QUEBRA-CABEÇAS DE HARRY HARLOW E EDWARD DECI

1. HARLOW, Harry F.; HARLOW, Margaret Kuenne; MEYER, Donald R. "Learning Motivated by a Manipulation Drive", *Journal of Experimental Psychology*, 40, 1950, p. 231.
2. Ibid., pp. 233-34.
3. HARLOW, Harry F. "Motivation as a Factor in the Acquisition of New Responses", em *Current Theory and Research on Motivation*, Lincoln: University of Nebraska Press, 1953, p. 46.
4. Harlow, de certa forma, tornou-se parte do establishment. Ganhou uma Medalha Nacional de Ciência e se tornou presidente da Associação Americana de Psicologia. Para mais informações sobre a interessante vida de Harlow, ver Deborah Blum, *Love at Goon Park: Harry Harlow and the Science of Affection*, Cambridge, Massachusetts: Perseus, 2002, e Jim Ottaviani e Dylan Meconis, *Wire Mothers: Harry Harlow and the Science of Love*, Ann Arbor, Michigan: G. T. Labs, 2007.
5. DECI, Edward L. "Effects of Externally Mediated Rewards on Intrinsic Motivation", *Journal of Personality and Social Psychology*, 18, 1971, p. 114.
6. DECI, Edward L. "Intrinsic Motivation, Extrinsic Reinforcement, and Inequity", *Journal of Personality and Social Psychology*, 22, 1972, pp. 119-20.

CAPÍTULO 1. ASCENSÃO E QUEDA DA MOTIVAÇÃO 2.0

1. "Important Notice: MSN Encarta to Be Discontinued", comunicado à imprensa da Microsoft (30 de março de 2009); Ina Fried, "Microsoft Closing the Book on

Encarta", CNET News, 30 de março de 2009; "Microsoft to Shut Encarta as Free Sites Alter Market", *Wall Street Journal*, 31 de março de 2009. Dados atualizados sobre a Wikipédia estão disponíveis em http://en.wikipedia.org/wiki/Wikipedia:About.

2. LAKHANI, Karim R.; WOLF, Robert G. "Why Hackers Do What They Do: Understanding Motivation and Effort in Free/Open Source Software Projects", em *Perspectives on Free and Open Software*, organizado por FELLER, J.; FITZGERALD, B.; HISSAM, S.; LAKHANI, K., Cambridge, Massachusetts: MIT Press, 2005, 3, p. 12.

3. BLITZER, Jurgen; SCHRETTL, Wolfram; SCHROEDER, Philipp J. H. "Intrinsic Motivation in Open Source Software Development", *Journal of Comparative Economics*, 35, 2007, 17, 4.

4. "Vermont Governor Expected to Sign Bill on Charity-Business Hybrid", *The Chronicle of Philanthropy*, News Updates, 21 de abril de 2008.

5. YUNUS, Muhammad. *Um mundo sem pobreza: A empresa social e o futuro do capitalismo*, São Paulo: Ática, 2008; Aspen Institute, Fourth Sector Concept Paper (outono de 2008); "B Corporation", *MIT Sloan Management Review*, 11 de dezembro de 2008 e http://www.bcorporation.net/declaration.

6. STROM, Stephanie. "Businesses Try to Make Money and Save the World", *The New York Times*, 6 de maio de 2007.

7. CAMERER, Colin. "Behavioral Economics: Reunifying Psychology and Economics", *Proceedings of the National Academy of Sciences*, 96, setembro de 1999, p. 10576.

8. FREY, Bruno S. *Not Just for the Money: An Economic Theory of Personal Motivation*, Brookfield, Vermont: Edward Elgar, 1997, pp. 118-19, ix. Ver também FREY, Bruno S.; STUTZER, Alois. *Happiness and Economics: How the Economy and Institutions Affect Human Well-Being*, Princeton, Nova Jersey: Princeton University Press, 2002.

9. JOHNSON, Bradford C.; MANYIKA, James M.; YEE, Lareina A. "The Next Revolution in Interaction", *McKinsey Quarterly*, 4, 2005, pp. 25-26.

10. Leitores atentos poderão lembrar que escrevi sobre esse tema geral em *O cérebro do futuro: A revolução do lado direito do cérebro*, Rio de Janeiro: Elsevier, 2007.

11. AMABILE, Teresa M. *Creativity in Context*, Boulder, Colorado: Westview Press, 1996, p. 119. Amabile também diz que, se usados apropriadamente e com cautela, os motivadores extrínsecos podem ser propícios à criatividade – uma afirmação examinada melhor no Capítulo 2.

12. Telework Trendlines 2009, dados coletados pelo Dieringer Research Group, publicados por World atWork, fevereiro de 2009.

CAPÍTULO 2. SETE RAZÕES PELAS QUAIS RECOMPENSAS E PUNIÇÕES (GERALMENTE) NÃO FUNCIONAM...

1. TWAIN, Mark. *As Aventuras de Tom Sawyer*, São Paulo: Planeta DeAgostini, 2003.
2. LEPPER, Mark; GREENE, David; NISBETT, Robert. "Undermining Children's Intrinsic Interest with Extrinsic Rewards: A Test of the 'Overjustification' Hypothesis", *Journal of Personality and Social Psychology*, 28, nº 1, 1973, pp. 129-37.
3. DECI, Edward L.; RYAN, Richard M.; KOESTNER, Richard. "A Meta-Analytic Review of Experiments Examining the Effects of Extrinsic Rewards on Intrinsic Motivation", *Psychological Bulletin*, 125, nº 6, 1999, p. 659.
4. REEVE, Jonmarshall. *Understanding Motivation and Emotion*, 4ª ed., Nova Jersey: John Wiley & Sons, 2005, p. 143.
5. ARIELY, Dan; GNEEZY, Uri; LOWENSTEIN, George; MAZAR, Nina. "Large Stakes and Big Mistakes", Federal Reserve Bank of Boston Working Paper, nº 05-11, 23 de julho de 2005. Você pode também achar uma síntese bem curta desta e de outras pesquisas em Dan Ariely, "What's the Value of a Big Bonus?", *The New York Times*, 20 de novembro de 2008.
6. "LSE: When Performance-Related Pay Backfires", *Financial Times*, 25 de junho de 2009.
7. GLUCKSBERG, Sam. "The Influence of Strength of Drive on Functional Fixedness and Perceptual Recognition", *Journal of Experimental Psychology*, 63, 1962, pp. 36-41. Glucksberg obteve resultados semelhantes em seu "Problem Solving: Response Competition Under the Influence of Drive", *Psychological Reports*, 15, 1964.
8. AMABILE, Teresa M.; PHILLIPS, Elise; COLLINS, Mary Ann. "Person and Environment in Talent Development: The Case of Creativity", em *Talent Development: Proceedings from the 1993 Henry B. and Jocelyn Wallace National Research Symposium on Talent Development*, org. por Nicholas Colangelo, Susan G. Assouline e DeAnn L. Ambroson, Dayton: Ohio Psychology Press, 1993, pp. 273-74.
9. CARNEY, Jean Kathryn. "Intrinsic Motivation and Artistic Success" (dissertação inédita, 1986, Universidade de Chicago); GETZELS, J. W.; CSIKSZENTMIHALYI, Mihaly. *The Creative Vision: A Longitudinal Study of Problem-Finding in Art*, Nova York: Wiley, 1976.
10. AMABILE, Teresa M. *Creativity in Context*, Boulder, Colorado: Westview Press, 1996, p. 119; KAUFMAN, James C.; STERNBERG, Robert J., orgs., *The International Handbook of Creativity*, Cambridge, Reino Unido: Cambridge University Press, 2006, p. 18.
11. TITMUSS, Richard. *The Gift Relationship: From Human Blood to Social Policy*, org. por OAKLEY, Ann; ASHTON, John, edição expandida e atualizada, Nova York: New Press, 1997.

12. MELLSTRÖM, Carl; JOHANNESSON, Magnus. "Crowding Out in Blood Donation: Was Titmuss Right?", *Journal of the European Economic Association*, 6, nº 4, junho de 2008, pp. 845-63.
13. Outras pesquisas descobriram que incentivos monetários são ainda mais contraproducentes quando o ato de caridade é público. Ver Dan Ariely, Anat Bracha e Stephan Meier, "Doing Good or Doing Well? Image Motivation and Monetary Incentives in Behaving Prosocially", Federal Reserve Bank of Boston Working Paper Nº 07-9, agosto de 2007.
14. FREY, Bruno S. *Not Just for the Money: An Economic Theory of Personal Motivation*, Brookfield, Vermont: Edward Elgar, 1997, p. 84.
15. LACETERA, Nicola; MACIAS, Mario. "Motivating Altruism: A Field Study", Institute for the Study of Labor Discussion Paper nº 3770, 28 de outubro de 2008.
16. ORDONEZ, Lisa D.; SCHWEITZER, Maurice E.; GALINSKY; Adam D.; BRAVERMAN, Max H. "Goals Gone Wild: The Systematic Side Effects of Over-Prescribing Goal Setting", Harvard Business School Working Paper nº 09-083, fevereiro de 2009.
17. APPLEBOME, Peter. "When Grades Are Fixed in College-Entrance Derby", *The New York Times*, 7 de março de 2009.
18. GNEEZY, Uri; RUSTICHINI, Aldo. "A Fine Is a Price", *Journal of Legal Studies*, 29 de janeiro de 2000.
19. _____. "A Fine Is a Price", 3, 7 (grifo nosso).
20. SUVOROV, Anton. "Addiction to Rewards", apresentação realizada no Encontro de Inverno Europeu da Econometric Society, 25 de outubro de 2003. Trabalho inédito (2003), disponível em http://www.cemfi.es/research/conferences/ewm/Anton/addict_new6.pdf.
21. KNUTSON, Brian; ADAMS, Charles M.; FONG, Grace W.; HOMMER, Daniel. "Anticipation of Increasing Monetary Reward Selectively Recruits Nucleus Accumbens", *Journal of Neuroscience*, 21, 2001.
22. KUHNEN, Camelia M.; KNUTSON, Brian. "The Neural Basis of Financial Risk Taking", *Neuron*, 47, setembro de 2005, p. 768.
23. CHENG, Mei; SUBRAMANYAM; K. R.; ZHANG, Yuan. "Earnings Guidance and Managerial Myopia", SSRN Working Paper nº 854515, novembro de 2005.
24. ORDONEZ, Lisa D.; SCHWEITZER, Maurice E.; GALINSKY, Adam D.; BRAVERMAN, Max H. "Goals Gone Wild: The Systematic Side Effects of Over-Prescribing Goal Setting", Harvard Business School Working Paper nº 09-083, fevereiro de 2009.
25. BÉNABOU, Roland; TIROLE, Jean. "Intrinsic and Extrinsic Motivation", *Review of Economic Studies*, 70, 2003.

CAPÍTULO 2A. ... E AS CIRCUNSTÂNCIAS ESPECIAIS EM QUE FUNCIONAM

1. DECI, Edward L.; KOESTNER, Richard; RYAN, Richard M. "Extrinsic Rewards and Intrinsic Motivation in Education: Reconsidered Once Again", *Review of Educational Research*, 71, nº 1, primavera de 2001, p. 14.
2. ARIELY, Dan. "What's the Value of a Big Bonus?", *The New York Times*, 20 de novembro de 2008.
3. AMABILE, Teresa M. *Creativity in Context*, Boulder, Colorado: Westview Press, 1996, p. 175.
4. DECI, Ryan; KOESTNER, Richard. "Extrinsic Rewards and Intrinsic Motivation in Education".
5. AMABILE, Teresa M. *Creativity in Context*, p. 117.
6. DECI, Ryan; KOESTNER, Richard. "Extrinsic Rewards and Intrinsic Motivation in Education".
7. AMABILE, Teresa M. *Creativity in Context*, p. 119.

CAPÍTULO 3. TIPO I E TIPO X

1. RYAN, Richard M.; DECI, Edward L. "Self-Determination Theory and the Facilitation of Intrinsic Motivation, Social Development, and Well-Being", *American Psychologist*, 55, janeiro de 2000, p. 68.
2. FRIEDMAN, Meyer; ROSENMAN, Ray H. *Type A Behavior and Your Heart*, Nova York: Alfred A. Knopf, 1974, p. 4.
3. Ibid., 70.
4. McGREGOR, Douglas. *Gerenciando o lado humano da empresa*, Rio de Janeiro: Qualitymark, 2002.
5. RYAN, Richard M.; DECI, Edward L. "Self-Determination Theory and the Facilitation of Intrinsic Motivation, Social Development, and Well-Being".

CAPÍTULO 4. AUTONOMIA

1. DECI, Edward L.; RYAN, Richard M. "Facilitating Optimal Motivation and Psychological Well-Being Across Life's Domains", *Canadian Psychology*, 49, nº 1, fevereiro de 2008, p. 14.
2. CHIRKOV, Valery; RYAN, Richard M.; KIM, Youngmee; KAPLAN, Ulas. "Differentiating Autonomy from Individualism and Independence: A Self-Determination Theory Perspective on Internalization of Cultural Orientations and Well-Being", *Journal of Personality and Social Psychology*, 84, janeiro de 2003;

DEVINE, Joe; CAMFIELD, Laura; GOUGH, Ian. "Autonomy or Dependence... or Both?: Perspectives from Bangladesh", *Journal of Happiness Studies*, 9, nº 1, janeiro de 2008.
3. DECI, Edward L.; RYAN, Richard M. "Facilitating Optimal Motivation and Psychological Well-Being Across Life's Domains", citando muitos outros estudos.
4. BAARD, Paul P.; DECI, Edward L.; RYAN, Richard M. "Intrinsic Need Satisfaction: A Motivational Basis of Performance and Well-Being in Two Work Settings", *Journal of Applied Social Psychology*, 34, 2004.
5. GREEN, Francis. *Demanding Work: The Paradox of Job Quality in the Affluent Economy*, Princeton, Nova Jersey: Princeton University Press, 2006.
6. "Atlassian's 20% Time Experiment", Atlassian Developer Blog, postagem de Mike Cannon-Brookes, 10 de março de 2008.
7. Citado em *Harvard Business Essentials: Managing Creativity and Innovation*, Boston: Harvard Business School Press, 2003, p. 109.
8. A observação vem do ex-executivo da 3M Bill Coyne, citada em Ben Casnocha, "Success on the Side", *The American: The Journal of the American Enterprise Institute*, abril de 2009. Um belo relato das práticas da 3M aparece em COLLINS, James C. ; PORRAS, Jerry L. *Feitas para durar: Práticas bem-sucedidas de empresas visionárias*, Rio de Janeiro: Rocco, 2007.
9. HAYES, Erin. "Google's 20 Percent Factor", ABC News, 12 de maio de 2008.
10. HAYES, V. Dion. "What Nurses Want", *The Washington Post*, 13 de setembro de 2008.
11. SELIGMAN, Martin. *Felicidade autêntica: Usando a nova psicologia positiva para a realização permanente*, Rio de Janeiro: Objetiva, 2004. VERKUIL, Paul R.; SELIGMAN, Martin; KANG, Terry. "Countering Lawyer Unhappiness: Pessimism, Decision Latitude and the Zero-Sum Dilemma at Cardozo Law School", Public Law Research Paper nº 19, setembro de 2000.
12. SHELDON, Kennon M.; KRIEGER, Lawrence S. "Understanding the Negative Effects of Legal Education on Law Students: A Longitudinal Test of Self-Determination Theory", *Personality and Social Psychology Bulletin*, 33, junho de 2007.
13. REHNQUIST, William H. "The Legal Profession Today", *Indiana Law Journal*, 62, 1987, pp. 151, 153.
14. GLATER, Jonathan D. "Economy Pinches the Billable Hour at Law Firms", *The New York Times*, 19 de janeiro de 2009.
15. RESSLER, Cali; THOMPSON, Jody. *Chega de tédio: A mudança que tornará o seu trabalho apaixonante*, Rio de Janeiro: Elsevier, 2008.
16. ERICKSON, Tamara J. "Task, Not Time: Profile of a Gen Y Job", *Harvard Business Review*, fevereiro de 2008, p. 19.

17. BRADY, Diane; McGREGOR, Jena. "Customer Service Champs", *BusinessWeek*, 2 de março de 2009.
18. FRASE-BLUNT, Martha. "Call Centers Come Home", *HR Magazine*, 52, janeiro de 2007, p. 84; BEDNARZ, Ann. "Call Centers Are Heading for Home", Network World, 30 de janeiro de 2006.
19. RESTUCCIA, Paul. "What Will Jobs of the Future Be? Creativity, Self-Direction Valued", *Boston Herald*, 12 de feveeiro de 2007; HAMEL, Gary. *O futuro da administração*, Rio de Janeiro: Elsevier, 2007.
20. Bharat Mediratta, em relato a Julie Bick, "The Google Way: Give Engineers Room", *The New York Times*, 21 de outubro de 2007.
21. Ver, por exemplo, PARKER, S.; WALL, T.; HACKSON, P. "That's Not My Job: Developing Flexible Employee Work Orientations", *Academy of Management Journal*, 40, 1997, pp. 899–929.
22. GAGNÉ, Marylene; DECI, Edward L. "Self-Determination Theory and Work Motivation", *Journal of Organizational Behavior*, 26, 2005, pp. 331–62.

CAPÍTULO 5. EXCELÊNCIA

1. ZENGER, Jack; FOLKMAN, Joe; EDINGER, Scott. "How Extraordinary Leaders Double Profits", Chief Learning Officer, julho de 2009.
2. KIRKLAND, Rik (org.), *What Matters? Ten Questions That Will Shape Our Future*, McKinsey Management Institute, 2009, p. 80.
3. CSIKSZENTMIHALYI, Mihalyi. *Beyond Boredom and Anxiety: Experiencing Flow in Work and Play*, edição de aniversário de 25 anos, São Francisco: Jossey-Bass, 2000, p. xix.
4. MARCH, Ann. "The Art of Work", *Fast Company*, agosto de 2005.
5. Este relato resulta de uma entrevista com Csikszentmihalyi em 3 de março de 2009, e de Ann March, "The Art of Work".
6. SAUERMAN, Henry; COHEN, Wesley. "What Makes Them Tick? Employee Motives and Firm Innovation", NBER Working Paper nº 14443, outubro de 2008.
7. WRZESNIEWSKI, Amy; DUTTON, Jane E. "Crafting a Job: Revisioning Employees as Active Crafters of Their Work", *Academy of Management Review*, 26, 2001, p. 181.
8. DWECK, Carol S. *Self-Theories: Their Role in Motivation, Personality, and Development*, Filadélfia: Psychology Press, 1999, p. 17.
9. Ibid.

10. DUCKWORTH, Angela L.; PETERSON, Christopher; MATTHEWS, Michael D.; KELLY, Dennis R. "Grit: Perseverance and Passion for Long-Term Goals", *Journal of Personality and Social Psychology*, 92, janeiro de 2007, p. 1087.
11. ERICSSON, K. Anders; KRAMPE, Ralf T.; ROMER, Clemens Tesch. "The Role of Deliberate Practice in the Acquisition of Expert Performance", *Psychological Review*, 100, dezembro de 1992, p. 363.
12. Para dois excelentes relatos populares de parte dessa pesquisa, ver: Geoff Colvin, *Desafiando o talento: Mitos e verdades*, Rio de Janeiro: Globo, 2009; e Malcolm Gladwell, *Fora de série: Outliers*, Rio de Janeiro: Sextante, 2009. Ambos são recomendados no Kit de Ferramentas do Tipo I.
13. CHAMBLISS, Daniel F. "The Mundanity of Excellence: An Ethnographic Report on Stratification and Olympic Swimmers", *Sociological Theory*, 7, 1989.
14. DUCKWORTH et al. "Grit".
15. DWECK, "Self-Theories", p. 41.
16. HABERMAN, Clyde. "David Halberstam, 73, Reporter and Author, Dies", *The New York Times*, 24 de abril de 2007.
17. Esta passagem é citada em David Galenson, *Painting Outside the Lines: Patterns of Creativity in Modern Art*, Cambridge, Massachusetts: Harvard University Press, 2001, p. 53. Ver também Daniel H. Pink, "What Kind of Genius Are You?", Wired 14.07, julho de 2006.
18. Este estudo é explicado em detalhes nos Capítulos 10 e 11 de *Beyond Boredom and Anxiety*, de Csikszentmihalyi, a fonte de todas as citações aqui.
19. CSIKSZENTMIHALYI, *Beyond Boredom and Anxiety*, p. 190.

CAPÍTULO 6. PROPÓSITO

1. United Nations Statistics Division, Gender Info 2007, Tabela 3a (2007). Disponível em http://www.devinfo.info/genderinfo/.
2. "Oldest Boomers Turn 60", U.S. Census Bureau Facts for Features No. CB06-FFSE.01-2, 3 de janeiro de 2006.
3. HAMEL, Gary. "Moon Shots for Management", *Harvard Business Review*, fevereiro de 2009, p. 91.
4. HEWLETT, Sylvia. "The 'Me' Generation Gives Way to the 'We' Generation", *Financial Times*, 19 de junho de 2009.
5. KELLY, Marjorie. "Not Just for Profit", *strategy+business*, 54, primavera de 2009, p. 5.
6. HOLLAND, Kelly. "Is It Time to Re-Train B-Schools?", *The New York Times*, 14 de março de 2009; MANGAN, Katharine. "Survey Finds Widespread Cheating in M.B.A. Programs", *The Chronicle of Higher Education*, 19 de setembro de 2006.

7. Veja o site do Juramento do MBA: http://mbaoath.org/about/history.
8. HAMEL, Gary. "Moon Shots for Management", p. 93.
9. Trabalhei para Reich por alguns anos no início da década de 1990. Você pode ler um breve relato dessa ideia em Robert B. Reich, "The 'Pronoun Test' for Success", *The Washington Post*, 28 de julho de 1993.
10. "Evaluating Your Business Ethics: A Harvard Professor Explains Why Good People Do Unethical Things", *Gallup Management Journal*, 12 de junho de 2008. Disponível em: http://gmj.gallup.com/content/107527/evaluating-your-business-ethics.aspx.
11. DUNN, Elizabeth W.; ANKIN, Lara B.; NORTON, Michael I. "Spending Money on Others Promotes Happiness", *Science*, 21, março de 2008.
12. BENNETT, Drake. "Happiness: A Buyer's Guide", *The Boston Globe*, 23 de agosto de 2009.
13. SHANAFELT, Tait et al., "Career Fit and Burnout Among Academic Faculty", *Archives of Internal Medicine*, 169, nº 10, maio de 2009, pp. 990-95.
14. NIEMIEC, Christopher P.; RYAN, Richard M.; DECI, Edward L. "The Path Taken: Consequences of Attaining Intrinsic and Extrinsic Aspirations", *Journal of Research in Personality*, 43, 2009, pp. 291-306.
15. Ibid.

CONHEÇA ALGUNS DESTAQUES DE NOSSO CATÁLOGO

- **Brené Brown:** *A coragem de ser imperfeito – Como aceitar a própria vulnerabilidade, vencer a vergonha e ousar ser quem você é* (600 mil livros vendidos) e *Mais forte do que nunca*

- **T. Harv Eker:** *Os segredos da mente milionária* (2 milhões de livros vendidos)

- **Dale Carnegie:** *Como fazer amigos e influenciar pessoas* (16 milhões de livros vendidos) e *Como evitar preocupações e começar a viver* (6 milhões de livros vendidos)

- **Greg McKeown:** *Essencialismo – A disciplinada busca por menos* (400 mil livros vendidos) e *Sem esforço – Torne mais fácil o que é mais importante*

- **Haemin Sunim:** *As coisas que você só vê quando desacelera* (450 mil livros vendidos) e *Amor pelas coisas imperfeitas*

- **Ana Claudia Quintana Arantes:** *A morte é um dia que vale a pena viver* (400 mil livros vendidos) e *Pra vida toda valer a pena viver*

- **Ichiro Kishimi e Fumitake Koga:** *A coragem de não agradar – Como a filosofia pode ajudar você a se libertar da opinião dos outros, superar suas limitações e se tornar a pessoa que deseja* (200 mil livros vendidos)

- **Simon Sinek:** *Comece pelo porquê* (200 mil livros vendidos) e *O jogo infinito*

- **Robert B. Cialdini:** *As armas da persuasão* (350 mil livros vendidos) e *Pré-suasão – A influência começa antes mesmo da primeira palavra*

- **Eckhart Tolle:** *O poder do agora* (1,2 milhão de livros vendidos) e *Um novo mundo* (240 mil livros vendidos)

- **Edith Eva Eger:** *A bailarina de Auschwitz* (600 mil livros vendidos)

- **Cristina Núñez Pereira e Rafael R. Valcárcel:** *Emocionário – Um guia prático e lúdico para lidar com as emoções* (de 4 a 11 anos) (800 mil livros vendidos)

sextante.com.br